Edmund Hoefer

Wie das Volk spricht

Sprichwörtliche Redensarten

Edmund Hoefer

Wie das Volk spricht

Sprichwörtliche Redensarten

ISBN/EAN: 9783959137126

Auflage: 1

Erscheinungsjahr: 2017

Erscheinungsort: Treuchtlingen, Deutschland

Literaricon Verlag UG (haftungsgeschränkt), Uhlbergstr. 18, 91757 Treuchtlingen. Geschäftsführer: Günther Reiter-Werdin, www.literaricon.de. Dieser Titel ist ein Nachdruck eines historischen Buches. Es musste auf alte Vorlagen zurückgegriffen werden; hieraus zwangsläufig resultierende Qualitätsverluste bitten wir zu entschuldigen.

Printed in Germany

Cover: Porträt Edmund Hoefer, Urheber Veit Roer, Abb. gemeinfrei

WIE DAS VOLK SPRICHT.

SPRICHWÖRTLICHE REDENSARTEN.

Sechste stark vermehrte Auflage.

STUTTGART.

VERLAG VON ADOLPH KRABBE.

1870.

Druck von Gebrüder Mäntler in Stuttgart.

Zur vierten Auflage.

Erst jetzt, nach vier vollen Jahren, vermag ich den Freunden dieser Sammlung eine neue, wirklich vermehrte Ausgabe zu bieten. Wer diese Sprüche in ihrer Eigenthümlichkeit auffasst, kann nicht verkennen, dass ihre Zahl eine beschränkte und mit derjenigen der „Sprichwörter" gar nicht zu vergleichen ist. Witzige, humoristische, scherzhafte Aussprüche von der Art, dass man nicht nur sie selbst, sondern zugleich auch ihren Sprecher und häufig sogar die Veranlassung im Gedächtniss behält, müssen verhältnissmässig selten bleiben, und wer sie überhaupt finden will, muss sie, abgesehn von den wenigen, die bereits gedruckt wurden, überdies dem Volke ebenso gut ablauschen, wie seine Sagen und Märchen, etwas, zu dem bekanntlich nicht allein sehr viel Gelegenheit, sondern auch sehr viel Glück und Geschick gehören.

Daher biete ich diese vierte Ausgabe den Freunden auch mit einer gewissen Genugthuung dar, denn die Zahl der Sprüche ist über meine eigene Erwartung angewachsen. Dies war freilich nur dadurch möglich, dass mir aus Nähe und Ferne fortwährend die reichsten Beiträge kamen, für die ich auch hier den freundlichen Sammlern meinen wärmsten Dank aussprechen will. Um wie viel mehr sie hätte anwachsen können und hoffentlich nach und nach anwachsen wird, geht grade aus einzelnen dieser Sendungen unwiderleglich hervor, welche mir aus e i n e m kleinen Bezirk, aus e i n e r Stadt eine Zahl von Sprüchen brachten, wie sie anderwärts durch die Ausbeute weiter Gebiete nicht einmal annähernd erreicht wurde. Die für jeden, der diese Sprüche kennt und beobachtet hat, wo und von wem sie im täglichen Leben angewandt werden, naheliegende Annahme, dass sie in den alten Städten, in den abgeschlossenen Kreisen und Ländchen, kurz überall, wo sich noch ein eigenartiges Volksleben erhalten konnte, besonders häufig zu finden sein dürften, wird durch diese erwähnten Special-Sammlungen fast zur Gewissheit erhoben.

Allein es fehlen die Sammler! Denn wie Viele auch von Anfang an meiner Sammlung ihre Theilnahme erhielten und das ihnen irgendwie Zugängliche fortdauernd zuwandten, — im Verhältniss zu der Ausdehnung des Terrains ist ihre Zahl stets eine geringe geblieben und von einer wirklichen, ausgebreiteten Betheiligung niemals die Rede gewesen. Im Gegentheil stiess das Büchlein ein paarmal auf eine Art von Widerstand, der mich indessen nicht irre zu machen vermochte, mich vielmehr nur aufs neue davon überzeugte, wie gering das Verständniss des Volksthums noch bei Manchem, und wie das zur Schau getragene Interesse für dasselbe häufig nichts weiter als eine hohle Mode-Redensart ist.

Ich habe es früher unterlassen, über die Thätigkeit zu sprechen, welche ich selber dem Sammeln dieser Sprüche zuwenden konnte, fühle mich jedoch veranlasst, jetzt wenigstens in der Kürze davon zu reden. Gelegenheit und Glück hatte ich dabei in einem Masse, wie es nicht häufig jemand zu Theil werden dürfte. Ein besonderes, anderwärts nicht minder nothwendiges, Geschick wurde in diesem Falle gar nicht von mir verlangt. — Meine Kindheit fiel in eine Zeit, wo in meiner norddeut-

VII

schen Heimat das Plattdeutsche in allen alt-einheimischen Familien wenn auch nicht mehr die einzige, doch noch immer die beliebteste Umgangssprache war, so dass man schon hierdurch dem n u r plattdeutsch redenden Volk näher gestellt wurde. Die Stellung meines Vaters brachte uns Kinder, wofern wir nur wollten, überdies in häufigen und oft genauen Verkehr mit dem Volk in Stadt und Land, und durch Neigung und Zufall konnte ich selber diesen Verkehr mit den von Jugend auf mir vertrauten und vertrauenden Menschen auch später noch lange fortsetzen. Zu diesem allen kamen endlich Dienstleute, die in meinem Vaterhause alt und grau wurden und gegen uns Kinder begreiflicherweise keinerlei Scheu kannten. Und einer von diesen war es, in welchem diese Redensarten nicht einzeln, sondern zu hunderten so zu sagen nur auf meine erste Frage warteten, um hervorzubrechen. Einmal angeregt, hatte der Alte dann nicht geringere Freude an solchen Dingen als ich selbst.

Aus dieser Quelle stammen fast ausnahmlos alle plattdeutschen Sprüche, die in der ersten Ausgabe meiner Sammlung zu finden sind. Selbst diejenigen, auf welche ich später in Druckwerken stiess und die ich demgemäss bezeichnete, hatte ich so ziemlich alle, wenn hie und da auch corrumpirt, früher von dem Alten schon gehört und nur, weil ich in jenen frühen Jahren allerdings mehr gelegentlich und des Vergnügens halber, als der Sache wegen sammelte, aufzuschreiben vergessen. Ja als ich bei der zweiten Auflage Buerens ostfriesische Sammlung in die Hände bekam, fand ich auch hier noch wieder solche alte, freudig begrüsste Bekannte.

Man muss es festhalten, dass diese Sprüche nur zum Theil an einen besonderen Ort gebunden, auf bestimmte knappe Grenzen beschränkt sind. Um Raum zu sparen und Wiederholungen zu vermeiden, sind von mir zahlreiche unbedeutende Varianten nicht aufgeführt worden. Trotzdem erkennt man auch jetzt beim ersten Blick in meine Sammlung, eine wie grosse Verbreitung manche dieser Sprüche gefunden haben. Freilich darf man annehmen, dass hin und wider der gleiche Einfall in ähnlichen oder sogar gleichen Worten an sehr verschiedenen Orten zu Platz gekommen. Im Allgemeinen jedoch muss man, zumal an den Küsten der Nord- und Ostsee, wohl mit Sicherheit auf ein Wandern der Sprüche schliessen. Die Küstenfahrer und Frachtfuhrleute vermittelten dergleichen leichter und besser als die ruhelosen Eisenbahn-Conducteure oder Dampfschiff-Matrosen unserer Tage. War aber nur erst die Mittheilung geschehn, so fand sich Festsetzung und weitere Ausbreitung von selbst, denn diese Sprüche haben etwas Zündendes und Packendes. Die bestimmten Namen der Sprechenden waren das geringste Hinderniss. Man substituirte, wie in den Varianten grade solche Beispiele genug zu finden, entweder seelenruhig einen anderen, bekannten, oder hatte auch das sicher oft gar nicht einmal nöthig, da sich, soweit das plattdeutsche Idiom herrscht, dieselben Namen vielfach wiederholen, so dass man in seiner Nachbarschaft nicht selten jemand finden mochte, dem man den neuen Spruch von A bis Z in die Schuhe schieben durfte. —

Später und seit dem Erscheinen der ersten Ausgabe wurde meine Thätigkeit eine andere. Ich lebte in Süddeutschland und stand dem Volke durch Sprache, Sitte und Lebensart nicht mehr nahe. Ich musste mich daher auf die Einordnung derjenigen Sprüche beschränken, welche mir Freunde mittheilten oder die ich selbst in Druckwerken auffand. An Fleiss bei meinen eigenen Nachforschungen hab' ich es nicht fehlen lassen, wenn ich ihnen auch nur meine knapp gemessenen Freistunden widmen konnte. Manche Bücher sind mir überdies niemals zugänglich geworden, andere blieben mir nur eine so kurze Zeit anvertraut, dass ich nicht zu lesen, sondern nur zu blättern vermochte. So **muss** meiner Sammlung noch mancher

Spruch fehlen, der sogar schon längst gedruckt ist; ja, ich bin weit entfernt zu behaupten, dass ich selbst in den mir zugänglichen Schriften nichts Derartiges übersehen hätte. Bin ich doch auch nur ein Mensch! — Dagegen muss ich mir aber die Bemerkung erlauben, dass nicht alle vermissten Sprüche auch von mir übersehen sind, vielmehr nicht selten, und zwar neuerdings immer häufiger, mit vollstem Bewustsein und mit Absicht fortgelassen wurden.

Ich bilde mir nicht ein, dass ich beim Aufnehmen des einen, beim Zurückweisen des anderen Spruchs mich nicht öfters geirrt haben sollte. Im Gegentheil gibt es auch in der Sammlung noch einige, zu deren Richtigkeit ich selber je länger desto weniger Vertrauen habe. Dennoch glaube ich nicht unbescheiden zu sein, wenn ich die Ansicht zu hegen wage, dass eine nunmehr zwanzigjährige Beschäftigung mit diesen „apologischen" Sprichwörtern meinen Blick so weit geschärft hat, um mich wenigstens sicherer als früher das Aechte vom Gemachten, das Volksthümliche von dem, was dem Volk nur untergeschoben worden, unterscheiden zu lassen.

Solche gemachte Sprüche entstehn, wie ich aus Erfahrung weiss, zuweilen sogar im Volke selbst. Die ächten treffen und packen so verführerisch, dass der Hörer unwillkürlich zu augenblicklicher oder gelegentlicher Nachbildung gereizt wird. Begreiflicherweise lässt sich dieser Nachbildung jedoch das Witzige und Humoristische nur selten und zufällig, das erhorchte Derbe aber leicht und immer geben, und so mag auch eine Unmasse von Sprüchen entstanden sein, die nicht mehr derb, sondern schmutzig, nicht mehr witzig, sondern ordinär platt sind. Die Nachbildung erliegt dann eben, abgesehn von dem ihr wenig vortheilhaften Zwange, an dem traurigen, aber weit und hin und wider sogar unter Leuten, die zum Volk gerechnet werden, verbreiteten Missverständniss, dass die Pointe dieser und ähnlicher Volkssprüche meistens nur im Schmutzigen und Ungeheuerlichen zu finden sei. Daher, folgern dann Manche weiter, sei dergleichen nicht allein durchaus nichtig, sondern auch ganz und gar verwerflich und am wenigsten des Aufbewahrens werth; ja, eine solche Sammlung dürfe man nicht nur nicht unterstützen, vielmehr habe man ihr, wenn irgend möglich, auf das entschiedenste entgegenzutreten.

Auf solche — sage ich: Angriffe? — die wie oben angedeutet, auch meinem Büchlein zu Theil wurden, habe ich begreiflicherweise nur die eine Antwort: wer das glaubt und in dieser Sammlung findet, versteht weder diese selbst noch meine Absicht bei ihrer Anlegung und Fortführung, noch das Volk und sein Wesen. Die gleiche Antwort hatte und habe ich auch auf eine Zusendung, die mir etwa dreissig Sprüche darbot, welche, deutsch heraus, nur unfläthig waren und sich als solche eo ipso von meiner Sammlung ausschlossen. Denn ich sage es grade heraus: es ist nicht wahr, dass das wirkliche, gesunde und kräftige Volk unfläthig sei, mag es die Dinge auch noch so unumwunden aussprechen und beim rechten Namen nennen. Es kommt der kleine Umstand hinzu, welchen die verdunkelnden und verdunkelten Leute nur gar zu gern und gar zu leicht übersehn, dass das Volk seiner offenen Sprache sich zwar unbekümmert bedient, wo die Gelegenheit es verlangt, dass es aber diese Gelegenheit nicht aufsucht, geschweige denn dieselbe an den Haaren herbeizieht oder sie gar erst erschafft. Und es kommt noch ein zweiter, ebenso leicht und bereitwillig übersehener Umstand hinzu — dass das Geschlechtliche und gewisse körperliche Functionen im Denken, Reden und Leben des Volks schwerlich mehr Raum beanspruchen, als es bei jedem Menschen der Fall, welcher gesund und kräftig, der Natur noch näher steht und weder von der Heuchelei noch von der Prüderie höherer Stände angesteckt wurde.

Ich verstehe aber unter „Volk" freilich weder den Pöbel unserer Gassen, noch die Proletarier des offenen Landes. Mit denen haben meine Sammlung und ich nichts zu schaffen, und ihnen wird man nach meinem Wissen und Wollen in derselben auch nicht begegnen. Wer aber auch Denken und Reden, Scherz, Lust und Neckerei des Volks nicht vertragen kann, die sich in diesen Sprüchen offenbaren, der muss, wie ich es von jeher ausgesprochen, ihnen ferne bleiben. Auslassen und Verschweigen wäre in dieser Sammlung noch unthunlicher, ja alberner gewesen, als in irgend einer anderen ähnlichen Inhalts.

Nach dieser Abschweifung, die ich jedoch nicht vermeiden konnte, weil ich es für meine Pflicht hielt, vor Freunden und Gegnern meine Ansichten von diesen Dingen offen auszusprechen, komme ich noch einmal auf jene Sprüche, die entweder ganz fortblieben oder die ich in der Sammlung als solche bezeichnete, zu deren Volksthümlichkeit ich selbst nur ein mässiges Vertrauen habe. Zu diesen zählen die meisten von denen, welche in der Eiselein'schen Sammlung zu finden sind, und von mir stets durch den Zusatz: Eiselein nach Bebel u. s w. gekennzeichnet wurden. Manche von Eiselein's Quellen grade blieben mir unzugänglich, andere konnte ich mit dem besten Willen von der Welt nicht von neuem oder im Einzelnen durchforschen. Der Herausgeber selbst war mir nach all den Seltsamkeiten und Willkürlichkeiten, denen man in seinem Buche begegnet, nichts weniger als eine genügende Autorität.

Es bleibt mir übrig, auch über die Veränderungen einige Worte zu sagen, denen man in der neuen Auflage begegnen wird. Die Varianten haben, wie man es mehrfach wünschte, ihre Stelle unter dem Text erhalten, was die Uebersicht jedenfalls erleichtert. Die Worterklärungen habe ich nach Kräften und so weit es der Raum irgend gestattete, vermehrt. Alles konnte nicht erklärt werden,

XII

da ich in solchem Fall eine Art Wörterbuch der meisten deutschen Mundarten hätte schaffen müssen, ein Unternehmen, zu dem mir Platz und Zeit, vor allem aber Hülfsmittel und Kenntnisse fehlten. Endlich bin ich bestrebt gewesen, die Orthographie der plattdeutschen Sprüche, zumal aus den mir bekannten und vertrauten Dialecten Mecklenburgs und Neu-Vorpommerns zu vereinfachen und möglichst gleichmässig herzustellen.

Weiter konnte mein Bestreben nicht gehn, da an eine vollkommene Gleichmässigkeit im Schreiben und Sprechen des Plattdeutschen nicht einmal bei den beiden genannten, im Grunde so überaus ähnlichen Dialecten — Rügen schliesst sich freilich wieder auf das entschiedenste von beiden aus — schwerlich jemals gedacht werden kann. Die plattdeutsche Schriftsprache ist zu Ende, das Idiom selbst in zahllose Dialecte zerfallen, für welche um so weniger eine Vereinigung zu hoffen oder etwas Allgemeingültiges, Regelartiges aufzustellen sein dürfte, da kein einziger dieser Dialecte in wirklicher Weiterbildung und Ausbreitung begriffen ist. Was nützen alle Regeln, wo doch die absolute Unmöglichkeit vorliegt, sie nur von einigen, geschweige denn von allen Sprechenden — die Schreibenden kommen gar nicht in Betracht — anerkennen und anwenden zu lassen? Die Hauptsache aber bleibt: wir bringen es weder redend noch schreibend mehr zu einem Plattdeutsch, das bei Flensburg und am Niederrhein, in Ostfriesland und in der Altmark, in Westfalen, Pommern und dem Hildesheimischen allgemein geltend und allgemein verständlich sein würde.

Die Grenzen meiner Thätigkeit wurden aber auch noch durch etwas Anderes bestimmt und beschränkt, nämlich durch die Sprüche und ihre Sprecher selber. Denn es war doch zu bedenken, dass diese Sprüche etwas Feststehendes und durch und durch Individuelles sind, dass ihren Sprechern nicht allein der Satz und seine Fügung, sondern auch die einzelnen Wörter, hie und da sogar dieser oder jener Dialect, diese oder jene Wortform gehören, so dass ein Eingreifen von meiner Seite nichts anderes als die ungehörigste Willkürlichkeit gewesen wäre, theilweise vielleicht die rechte Bedeutung und den rechten Eindruck des Spruchs geradezu zerstört hätte.

Bei der Anwendung besonderer Zeichen und Buchstaben für besondere Laute habe ich mich überdies auf das Allernöthigste und vor allem auf das beschränkt, was die Druckerei mir zu liefern vermochte. Denn es wäre unbillig gewesen, die Anfertigung und Anschaffung einer Schrift verlangen zu wollen, die ausser beim Satz dieser Sammlung hier schwerlich zu benützen sein dürfte. Ich finde diese besonderen Zeichen gar nicht einmal recht förderlich, denn einerseits bleiben sie stets mehr oder minder willkürlich, erschweren dem Hochdeutschen das Lesen so gut wie das Verstehn, und vermögen andrerseits endlich demjenigen, der die Wörter nicht aussprechen hört, die richtige Aussprache dennoch nicht zu verdeutlichen.

So habe ich mir geholfen wie ich eben konnte. Für den zwischen ä und ö schwankenden, bald mehr zu ä, bald mehr zu ö neigenden Laut steht entweder ein æ, oder ein œ, je nachdem in den betreffenden hochdeutschen Wörtern ein a, au, i, oder ein o, ö und ü in Anwendung kommt. — Das anklingende End-r ist ausgeschrieben, da ein Apostroph dasselbe nicht ersetzt; die Doppelvokale, das dehnende h und e sind aus den mir bekannten Dialecten so ziemlich verschwunden. Wo Letzteres, das e, noch neben einem anderen Vokale steht, wird es auch ausgesprochen. Das ch nach s und vor l, m, n, p, u. s. w. fiel fort, da kein ächter Plattdeutscher es ausspricht.

Wie bei den früheren Ausgaben bin ich auch jetzt wieder ernstlich mit mir zu Rath gegangen, ob ich die alphabetische Ordnung zu erhalten hätte, und musste mir von neuem sagen, dass sie noch immer nicht nur die beste, sondern auch fast die einzig mögliche bleibt, indem jeder Spruch durch sie wenigstens seine bestimmte Stelle angewiesen erhält, an der er zu finden ist. Jede andere Ordnung würde die ihnen gebührende Stelle bei vielen Sprüchen zweifelhaft erscheinen lassen, da sie ihrem Inhalt nach zu mehreren, durchaus verschiedenen Klassen gehören, und manche Sprüche würden sich einer solchen Eintheilung überhaupt gänzlich entziehn und eine grosse Abtheilung „Allgemeines" oder „Allerlei" nothwendig machen, in der man endlich doch wieder zur alphabetischen Folge der Sprecher zurückkehren müsste.

Mein verehrter Freund, Fr. Latendorf, einer meiner treusten Mitsammler, dem ich die meisten mecklenburgischen Sprüche verdanke, fordert mich in seiner trefflichen Schrift über Agricola's Sprichwörter gelegentlich auf, bei dieser neuen Ausgabe auch „das Wesen des Volkshumors und der ihm eigenthümlichen Ironie" in Untersuchung zu ziehn. — Je länger ich mich selbst mit meiner Sammlung beschäftige und je tiefer mir dieselbe, so zu sagen, in Fleisch und Blut dringt, desto besser fühle und sehe ich freilich, was alles dieselbe in uns anregen muss und zu welchen Untersuchungen und weiteren Forschungen sie veranlassen sollte. Ausser dem von jenem Freunde Gewünschten liegt noch manches Andere vor, was in Frage kommt und eine Antwort verlangt. Als das Nächste habe ich selbst mir immer eine Verfolgung und Entwickelung des Geschichtlichen und Geographischen, des Culturhistorischen und der Naturanschauung u. s. w. gedacht, das diese Sprüche uns zum Theil bei weitem näher rücken als die eigentlichen Sprichwörter.

Allein auch das musste noch unterbleiben und ich muss mich mit der Hoffnung begnügen, dass eine spätere Zeit mir mehr Musse gewährt als die vergangenen Jahre und mir erlaubt mich den Studien und Arbeiten zu widmen, die mir von jeher die liebsten gewesen. Für jetzt muss ich das Büchlein gehn lassen wie es ist, mit Trauer über seine Unvollständigkeit, mit Freude über seinen gedeihlichen Wachsthum, mit warmem Dank gegen die Freunde und Strebensgenossen für ihre treue Theilnahme, und endlich mit der Bitte, auch fernerhin nicht abzustehn von der bisherigen Thätigkeit. Denn mag sie auch langsamer wachsen, — enden kann eine solche Sammlung nicht.

Zur sechsten Auflage.

Wenn ich dieser Auflage überhaupt noch einige Worte mit auf den Weg gebe, geschieht es nur, weil ich den Dank nicht zurückhalten kann, den ich stets von neuem den theilnehmenden alten und neuen Freunden meiner Sammlung schulde. Durch diese Theilnahme allein wurde es mir möglich, dieselbe auch jetzt mit zahlreichen neuen Sprüchen und Varianten zu vermehren: es sind ihrer gegen vierhundert, und die Gesammtsumme würde bis auf oder über zweitausend gestiegen sein, hätt' ich nicht von neuem eine Anzahl der älteren Sprüche auszuscheiden gehabt, die mir inzwischen verdächtig geworden waren. — Zu verändern hab' ich im Uebrigen an der neuen Auflage nichts gefunden, nur dass ich auf einigen Stellen eine noch strictere Ordnung herzustellen suchte.

Stuttgart, im Januar 1870.

Edmund Hoefer.

A.

1. Vortêl gehört tô'm Handwerk, segt de Afdecker on packt möt de Tähne an. (Frischbier, Preussische Sprichwörter. 2. Aufl.)
2. Der Himmel ist schwer zu verdienen! sagte der Abt, da er vom Bett fiel und die Nonne ein Bein brach.
3. Was schmeckte unversucht? sagte der Abt zur Jungfrau.
4. Ei wer möchte das nicht? sprach der Abt von Posen. (Agricola.)
5. Jetzt kann die Fasten kommen, die Fässer sind alle voll, sagt' der Abt von Murbach. (Klosterspiegel. Wander.)
6. Non sequit, sagt der Abt. (Fischart.)
7. Non credo, sagte der Abt, da man ihm das Kind gab. (Fischart.)

---

7. Non credo, sagte der Mönch, da ihm die Magd ein Kind brachte.

8. All's mit der Zeit, sagt jener Apt, wie man ihn ob der Magd ertappt. (Fischart, St. Dominici Leben.)
9. O was müssen wir der Kirche Gottes halber leiden! rief der Abt, als ihm das gebratene Huhn die Finger versengt. (Eiselein n. Pauli.)
10. Wir sind all gebrechlich! sprach die Aebtissin, hatte sie des Probsten Niederwatt statt Weihel auf dem Kopf. (Agricola.)
11. Wir sein alle gebrechlich, sagt jhene Aeptissin, ging sie mit eim Kind. (Fischart. — Seb. Frank.)
12. Wir fehlen alle! sagte die Abtissin, da ihr der Bauch schwoll.
13. Sparst du mir n' Art, spar' ich dir a Fahrt, sagt der Acker zum Bauern. (Schwaben.)
14. De Ansicht was gôd! säd' Adam und kêk Eva'n unner't Hemd'. (Vergl. 1703.)
15. Wo bleibst du, Schneekönig? sagt der Adler. (? — Harberger.)
16. 't Geld mutt man van de Lü' nehmen, sä' de Avcate, van de Böm' schüddeln kann' k't nich. (Ostfr.)
17. Up de Vigelîn lätt't sich gôd spelen! säd' de Avcat, dôr krêg he'n Schinken (Kalwerbrâd'. — Vergl. 303.)

---

10. Wir seindt all gebrechlich, sagt mein Frau Aptiss, da tastet se uf das Haupt. (Tappius.)
17. Nâ de Vigelîn lätt't sich gôd danzen, säd' de Avcat, etc.

18. Dat wöllt wi wol krîgen, säd' de Avcat, da mên' he dat Geld. (Hamburg.)
19. Wovor sind de falschen Eider in de Welt, wenn se nich eschworen weren söllt? segt de Avcate. (Hildesh.)
20. Dem Gefaüle nâ hiäd de Mann rächt, sach de Awekoate, as iäm bai en Goldstücke in de Hand stoppede. (Grafsch. Mark.)
21. Plük diu diän, ick well düen 'sghiären, sach äin Awekoate tiegen den annern, do hadde de äine Biur'ne Ghäus, de annere en 'Schoap bracht. (Mark. Woeste.)
22. Ên Schett un drei Brâtbêren sin veir gue Happen, segt Ahlborn. (Hildesh.)
23. Lôt leupen, sach de Olle (Alte). (Mark. Woeste. Vergl. 938. 1163. u. Var.)
24. Schêf as Vierlanner Bên', seggen de Altonaer. (?)
25. En bêten bitô! säd' de Amm', dôr härr dat Kind up'n Henkel schäten. (Vergl. 939.)
26. Wat ik bün, do gâ ik vör, seggen de Ammen to Hamborg. (Holstein. S. Schütze, Holst. Idiot.)

---

18. Fi wed se wuol krîgen, segged de Awekoaten, dan maind se de Dâlers. (Grafschaft Mark. Woeste.)
19. Zu was hat mer d' falsche Eid', wenn mer 's net schwört? sagt der Jud. (Schwaben.)

27. Ich bin kein Prophet, sondern ein Hirt, sagt Amos. (Eyring.)
28. Die Welt ist überall des Herrn, segt Paster Amsberg, da bicht' he sîn' Bichtkinner in de Mergelkûl. (Hamburg.)
29. Ik kam ôk! segt de Anner un föllt von'n Bœn. (Vergl. 63.)
30. Wat helpt't mi, dat de Sünn schînt, segt de Anner, wenn mi nu dösten dêt?
31. Omnes erramus quasi oves, sagt der Ander, wollt zur Frauen und ging zur Magd. (Vergl. 687. 996.)
32. Zieh! sagt Ape, spannt er seine Frau vor den Pflug. (A. d. Friesischen. Haupts Zeitschr. Bd. 8. — Vgl. 222.)
33. Hewt jü ôk Geld? segt Appel-Lenore. (Hildesh.)
34. All wat gôd rükt, kümmt van mi! säd' de Aptheker; dôr härr he in de Büx schäten.
35. Niu es' et läupen am Dokter, sach de Aptäiker, do hadd' 'e in de Bükse 'sghieten. (Mark. Woeste.)
36. So muss Reichthum wiederkommen, sagte der bankerotte Apotheker, stand über Nacht auf und verkaufte für einen Kreuzer Läusesalbe. (Vgl. 1356. 1589.)
37. Für den Tod kein Kraut gewachsen ist, süng de Aptheker, da mâkt' he Lûs'salw'. (Hambg.)
38. Rührt euch, ihr Büchsen! sagt der Apdeker.

---

32. Zieh! sagt Age. — Wie es grade will! sagt Makke. (Westfriesland.)

39. 't is nu leider 'n gesund Tîd, see de Aptheker tô de Docter un de Avdecker. (Ostfriesland.)
40. Da ward sön, segt de Aptheker on schött ön de Tûd. (Natangen. Frischbier.)
41. Lât't wârden wat wârd, säd' de Arpel un tratt. (Pommern. Mecklenburg. Hamburg. — Vergl. 325. 441. 1036. 1507. 1524. 1846. 1851.)
42. Dat is 'n Muskant! säd' Asmus, härr'n Fârken in'n Sack. (Mecklenb. Vergl. 904. 1775.)
43. Dat was hüm, see Attohm, dô hadde hê de Rötte bî de Stêrt. (Ostfr.)

B.

44. Holl mî fast, sä Baar, of ik gah weg, do satt he noch'n hêlen Dag. Ostfr. Kern & Willms, Ostfriesland.)
45. Ik mutt Hülpe hebben, see unse Baas, Junge hâl mi'n Ôrt Kurr. (Ostfr. — Vergl. 1023.)
46. Wahrheit leidet nicht Schimpf! sagte der Bäcker, als man ihn Mehldieb schalt.

---

40. Hier wird sein, sagt der Apotheker. (Holtei. Lammfell.)
41. Lat da ware, wat da waat, segt de Waat. — Waat, wat da waat, segt de Waat. (Preussen. Frischbier.)

47. Gewohn's Miez, gewohn's! sagte der Bäcker und fegte mit der Katze den Ofen aus.
48. Ansehn deit gedenken! schriwt de Bäcker in Hadersleben.
49. Dat hett gên Swârigheit, see de Backer, dô hê't Brôd tô licht mâkte. (Ostfr. Vergl. 157.)
50. Ik verkôpe jo's drup, see de Backer, hadde Korinthen up de Stute un gên drin. (Ostfr.)
51. Wenn i net wär und 's täglich Brod, sagt der Bäck, so müsst' me d' Supp' lappe. (Schwaben.)
52. Schall mi verlangen, wat da herût süert, segt de Bäcker, da har he in't Trog scheten. (Hamburg. Vergl. 392.)
53. 's lieb Kärtle geit's, hat seller Beckabua g'sait, hat de Gretta (Korb) mit sammt em Brod verspielt. (Neresh.)
54. Ich hab' es lange genug in mich gefressen, sagte jener Bader, do jm einer zuvor für die Thür hofiret. (Neander, ed. Latendorf.)
55. Dat öss tô befärrtere, segt ,de Schnieda Bagga. (Creuzberg. Frischbier. — ?)
56. Land! säd' Baiser, dôr lêg he in'n Graben. (Vergl. 1085. 1277.)

---

47. Wen't man êrst wönt is, sä' de Backer, do wizkd' he mitte Katt den Backâwen ût. (Jever.)
53. Karte müsse's gewe, hat der Beckabu g'sait, hat's Zaindle sammt de Wecke verspielt. (Schwaben.)

57. Heut haben wir schön gespielt! sagt der Balgtreter zum Organisten. (Vergl. 1558.)
58. Schlechte Wirthschaft da bennen! säd' de Bandwurm, as he avgetrêwen wurd. (Danzig.)
59. Dat was man 'n lütten Holt! säd' de Bôr, tründelt von'n Bârg' un hêl sich an'n Strohhalm.
60. Er redt davon, sagt unser Barb', gleich wie der Blind' redt von der Farb'. (Eyring.)
61. Genetzt und gewetzt, sagt der Barbier, ist halb geschoren.
62. So muss es kommen! sagte der Barbier von Häslach, da er der Frau ein Klystier gab und sie ihm ins Gesicht schiess. (Stuttgart.)
63. Nu kâm ik, segt Bärbôm un fêl in'n Keller. (Mecklenburg. Vergl. 29. 456.)
64. Richtig, see Bardeleben, dô krêg he'n Ducat vör'n Oertken. (Ostfr.)
65. Fett schwimmt oben! sagte Bartel, da lebte er noch. (Vergl. 716. 1088. etc.)
66. Dâr is doch noch tô ên Slag drin, see Barth, do had he van Emden nâ Terbörg in de Tunnerpot slân. (Ostfriesl.)
67. Der Stock, der dir gewachsen ist, bleibt in einer Haselhecke am Mühlberg stehen, hat die alte Barthels Grethlies gesagt. (Werra.)

---

57. Wir machen Musik, sagt der Balgtreter zum Organisten.

68. Merkst's? hat der Baste g'sagt. (Schwaben.)
69. Dat gêt in't Wîd'! segt Bastian un schitt sich de Hosen vull.
70. Was Himmel, hätten wir Mehl! sagen die Bauchknechte. (Luther.)
71. Nur nichts Neues auf den Hof! sagen die Bauern. (Franken.)
72. Unser guter Wille ist „nichts" (sc. geben), sagen die Bauern. (Franken.)
73. Je je! segt de Biuer, denn went he nicks meir. (Lippe. Jever. Mecklenb. — Vergl. 1705.)
74. Na nu! segt de Bûr on wêt von nuscht. (Preussen. Frischbier.)
75. Je je! sied de Biur un krassed sik hinger den Oaren, wan de Bäckere op sind. (Mark. Woeste.)
76. Bei Gott is alles möglick! sei der Bûr, du brôcht hei de Rünn no den Hengst. (Cleve. Vergl. 115.)
77. Ârten! (?) säd' de Bûr, dôr schêt he'n wêken.
78. Riets, segt de Bûr on schött ön de Arfte. (Preussen. Frischbier.)

---

73. Je je, säget de Bure, wann hei nix mei hätt. (Curtze. Wander.)
77. In der Flensburger Gegend heisst das erste Wort dieses Spruchs: Arfen; das wäre also Erbsen oder vielleicht auch Erben — ?

79. Ei meck, so geh' ich ongene (?) weck! sagte der Bauer, als er im Rausch in den Hohlweg gefallen. (? — Werra.)
80. Eine Arme kann einen ebenso sehr ärgern, als eine Reiche, sagt der Bauer. (? — Werra.)
81. Wâr man sülfst nêt kummt, dar word ên ôk de Kopp nêt wusken, harr de Bûr segt, do harr he nêt nâ't Gericht wullt. (Ostfr. K. & W.)
82. Dat deit he Globens halwer, sä de Bûr, dat de Papst nich düll wârd. (Ostfr.)
83. Land! rêp de Bur, dôr seg he'n Schät vör'n Karktorn an. (Ostfr.)
84. Dat sleit in, sä de Bûr, as Pingsten op'n Sünndag. (Ostfr.)
85. Dat bünt hochbenig Tîden, sä de Bûr, (de) Lenden sitt't an'n Êrs fast. (Ostfr. Vergl. 353. 571.)
86. Lecker bünt wi nich, segt de Bûr, awer wi wêt't wol, wat'r gôd smeckt. (Ostfr.)
87. Se bünt so egensinnig as de Anzetler Kalwer, sä de Bûr, de gung'n ût d'Hawer op'n Weg. (Ostfr. — Vergl. 882.)
88. Jetzt sind grad' die rechten Viecher z'samme komme, i kann's a nit, sagte der Bauer, da der Priester sprach, er könn' ihn nicht absolviren. (Franken.)
89. Da ist unserm Herrgott au ein Stückle Vieh g'falle, sagte der Bauer, als der Schultheiss im Wald strauchelte und fiel. (Schwaben.)

90. Wärst a Pfarrer wor'n, könntest auf d'Kanzel gehen und predige, hat der Bauer g'sagt zu seim faulen Knecht. (Franken.)
91. Wenn wi den Percess man ierst up de Gaffel hebb'n, denn wöllt wi de Arwschaft ôk wol tô Bœn stâken, säd' de Bûr tô'n Avcaten. (Mecklenb.)
92. Dat sê ik' an'n Ossen, dat Kopparbeit tau 'm swiersten is, säd' de Bûr tau'm Paster. (Meckl. Vergl. 1389.)
93. Ein gutes Wort findet einen guten Ort, hat der Bauer gesagt, da ihn der Amtmann wegen Schimpfens ins Loch stecken liess. (Werra.)
94. Werd' auch ein Wort saga dearfa, wo nix gilt, hat der Bauer g'sagt. (Schwaben.)
95. Hold mal hîr, kennstu dîn Mäur nit? sach de Biur, as hä ächter dem Buske sät un dräit, un'n Hasen 'räutsprank. (? — Mark. Woeste.)
96. Mei Junge koan a gelehrt Vieh war'n, sagte der Bauer, a hoat acht Juhr iwern Abc gelernt, an koan's noch ne. (Schlesien. Wander.)
97. Mei Junge sull en Uvkate wär'n, sagte der Bauer, seit er in der Schule is, hat er noch ke wahr Wort geredt. (Wander. — ? —)

---

92. Die Kopfarbeit ist die schwerst', sagte der Schulz von Deisslingen, man sieht's an mei'm Ochse. (Schwaben.)

98. Görge gibt a schtulzen Pfarrer, sagte der Bauer, er heat en richtigen Auswurf. (Wander. — ?)
99. Wat sin mut, mut sin, segt de Bûr, verköft de Ossen un köft sick 'n P'rück. (Hinterpommern. — Vergl. 275.)
100. Wenn d' dôd büst, möt'k ôk ân' dî fârig wârden! säd' de Bûr. (Hamburg.)
101. Lock is Lock, blôt dat Hemd' is fîner, säd' de Bûr, as he bî de Eddelfru wêst was. (Vergl. 413. 1134.)
102. Âpe, knicke dick, Essel, bücke dick, segt d' Bûere un slut 'n Slagbôm. (Lüneburg.)
103. Hei is 'n Dichter! segt d' Bûere, hei mâkt ût'n Furz 'n Dönderslag. (Lüneburg.)
104. Reddet d' Apen (?), reddet d' Bêwerkatten! rept d' Bûere un frit't Flat (?). (Lüneburg.)
105. 'naus mit, was kein'n Hauszins zahlt, sagte der Bauer und liess einen streichen. (Schwaben. Vergl. 813. 1509.)
106. Da geschieht auch der erste Stich zu einem Paar kalblederner Schuhe, sagte der Bauer, als der Stier auf die Kuh stieg. (Württemberg.)
107. Jk lât Tornüsters maken, segt de Bûr, wenn he mit de Koh tô'n Bullen geiht. (Hamburg.)
108. Gvatersma, zuih, 's kommt a Kühkälble, sagte der Bauer zu seinem Nachbar, der seiner kalbenden Kuh nachhalf. (Schwaben. Vergl. 322.)

109. Eine Liebe ist die andere werth, sagt' der Bauer und schlug das Pferd, das ihn geschlagen hatte. (Preussen. Frischbier.)
110. Man muss mit dem Fortschritt leben, sagte der Bauer, als er auf den Hintern fiel. (Schwaben.)
111. Hett dat grôte Bêst ôk grôte Lüs'? säd' de Bûr, da danzen vêr Apen op'n Kameel. (Mecklenb.)
112. Was schriwt, dat bliwt, segt de Bûer. (Hildesh.)
113. Kinner un Lüd', säd' jenn Bûr, ju red't œwer mîn Sûpen, æwerst nimmend red't œwer mînen grôten Döst. (Hinterpommern.)
114. Sehe lasse ist die Hauptsach', sagt der Bauer. (Schwaben.)
115. Et môt doch alles wat helpe, segt jenn Bûr on lêt den Osse bî de Koh. (Preussen. Frischbier. Vgl. 76.)
116. I jo, de Wîn was gaut, säd' de Bûr tô'm Aptheker in Körlin, as he nâ acht Dâg' betâlt. Ik feul em noch. (Hinterpommern.)
117. Licken kannst du meck, aber mit'n Hörn mots du meck ut'n Mase blîben, sä' de Ostfreische Bûer. (Hildesh.)

---

113. Jhr schwätzet alleweil von meim grosse Saufe, aber net von meim grosse Durst, hat der sell Bauer g'seit. (Schwaben.)
115. Et mot mehr helpe wie schade, sagt jen' Bauer und führt die Kuh zum Ochsen. (Frischbier.)

118. Ih, sä' de besopen Bûer, da ehne Jürgen in de Hosen schetten harre, Arften getten un Linsen schetten. (Hildesh. — Vergl. 995.)
119. Prost! segt de Bûr un drinkt ût'n Sêlpott.
120. Wenn mîn Bûk 'ne Schün wîer un 'ne Avsîd' daran, säd' de Bûr, as he Ris at. (Vergl. 251.)
121. Wenn i no meins Blässen sein Bauch hätt'! sagt der Bauer bei der Metzelsuppe. (Schwaben.)
122. Mir ist sauwohl, no Oichele her! sagte der Bauer, da hatt' er zwei Mass Wein getrunken. (Schwaben.)
123. Bruder, dir ist's so wai als mir, sagte der Bauer, der vor einem Schweinstall spie und die Sau grunzen hörte. (Schwaben.)
124. Wat hett 'n Bûr doch vêl tô dôn, säd' 'n oll Bûr, da brenn' he sick 'n Pîp an un sêg tô, wo de Knecht arbeiten dêren. (Mecklenburg.)
125. Dat harr lêch warden kunnt, see de Bûr, as de Bull em den Bûk upslitzt harr un he starben wull. (Hamburg.)
126. 's ist Gottlob auf kein edle Theil gange, sagte der Bauer, als er vom Heuwagen auf den Kopf herunterfiel. (Schwaben.)

---

118. Merkwürdig, Erbsa gessa und Linsa g'schissa, hat der Bauer g'sagt, dem der ander in d'Hosa g'macht hat. (Schwaben.)

127. Si-säu, dat ruimed, sach de Biur, do was he vanner Ledder fallen. (Mark. Woeste.)
128. Doppelt g'näht, hebt wohl, sagte der Bauer und ass zweimal zu Mittag. (Schwaben.)
129. Dat giwt Frêd in'n Land', säd' de Bûr, da lêt he sînen Bîern snîden. (Hamburg.)
130. Stank vör Dank, säd' de Bûr, da fêl he mit't Schîthûs üm. (Hamburg.)
131. Mit Verlöv, säd' de Bûr, da lêt he ênen gân. (Hamburg.)
132. Hêbêst will he nich sin un Sêbêst is he doch nich, säd' de Bûr, as he den Eddelmann Sê nennen schull. (Hambg.)
133. Sparr up'n Balken, säd' de Bûr, up de Hilg' is't tô lât. (Hambg.)
134. Hinnen föllt de Oss weg, segt de Bûr. (Hambg.)
135. De Klock lüd' ik sülwen, säd' de Bûr, dôr störr he den Köster von sîn Frû.
136. Der Wille thut's, sprach einmal ein Bauer, küsst er einen Schlegel. (Seb. Frank.)

---

129. Dat giwt dî Rau! etc. —
136. Ebenso bei Neueren: sagte Jener und küsste den Flegel. — Der Wöll thut's, sprach der Bauer, küsst er einen Schlegel, (hätt lieber ein Mägdlein küsst. Eyring.)

137. Et doit nix, segt de Bûr, ik hew 'n Loch in'n Hinnersten. (Hildesheim.)
138. All tô glik, see de Bênder Bûr, dô hadde he ên Pêrd vör de Wagen. (Ostfr. — Vergl. 220. 992. 1115.)
139. All Mann' rann! segt de Bûr, onn hefft man êne Jung on denselvge hefft he söck gelege, on desölwge öss lahm. (Frischbier.)
140. Spann den Ollen füärop, sach de Biur, do sät de Kâr im Diäüdbrauke. (Mark. Woeste.)
141. Dös hilft nex, da g'hört Mist her, hat der sell Bauer zum Pfarrer g'sagt. (Schwaben — ?)
142. Dat mehrt söck as de Dreck ver Wîhnachte, säd' jen Bûr, wie sîn Frû e Pârke krêg. (Preussen. Frischbier. Vergl. 814. 951.)
143. Wer hat de Wost fräten? reip de Bûr, hier mal all up'n Emmer. (Lüneburg.)
144. Mick kannste wul entlôpen, awer ûsen Herrgott nich, säd' de Bûr, as de Voss mit'r Gaus wegleip. (Lüneburg.)
145. Ek hew emmer Onglück, säd' de rîke Bûr, as he sik den Stromp verkehrt antrog. (Danzig.)
146. Dat schifft mehr as et treckt, säd' de Bûr und stitt den Kêrl mit dem Fôt ût de Döer 'rût. (Danzig.)
147. Denn Politik, segt de Bûr, is anners seggen as dôn. (Hamburg.)

148. Geit nix œwer de Bequemlikkeit, säd' de Bûr, da bünn he sik'n Hârtworm as Strumpband üm. (Hamburg. — Vergl. 479.)
149. Man mût allens brûken, wotô et gôd is, sä' de Bûr, do trokk he sik 'n Worm ût'n Môrs un bunn sik'n Schô domit tô. (Holstein. Frischbier.)
150. Practica est multiplex! säd' de Bûr un bünn de Schô mit Wörmd tô. (Vergl. 479.)
151. Uldmôdig in Gang weg, dat de Hôr op'n Kopp sûst, säd' de Bûr tô sîn Volk. (Hambg.)
152. 's gieht wie Dompf, sagt der Bauer, wenn er zur Kirche fährt. (Oberlausitz. Wander.)
153. As ik wennt bün, möt ik dôn, säd' de Bûr, dôr klopt he sînen Jungen.
154. Schît man an'n Tûn, säd' de Bûr, de Häwen is hoch. (Flensburg.)
155. Da hebben wi Gotts Wort swart up witt, säd' de Bûr, da sêg he den Prêster up'n Schimmel. (Flensb.)

---

149. Alle Vurtel gellen, säd' de Düwel u. s. w. (Mecklenb.)
150. Practica est multiplex! sagte der Bauer, zog sich einen Wurm heraus und band den Schuh damit zu. — Ostfriesisch ebenso, aber mit dem Witz des Missverständnisses zum Anfang: Practica is Muttenspeck.
151. Sachtmôdig fûrt etc.

156. Jedes Thierle geht seiner Nahring nach, sagte der Bauer, als ein Mädchen gen Huren ging. (? — Schwaben.)
157. Dat heft nuscht op söck, segt de Bûr on kömmt leddig ût de Wôld. (Preussen. Frischbier. Vergl. 49.)
158. Wenn't Geld köst, höft't nêt, segt de Bûr. (Osfr. K. & W.)
159. Et lätt wuol schiämlik, awwer et küemt tiämlik, segget de Bûren, wann se met 'me hülten Liepel iätet. (Woeste.)
160. Krich den allen 'rut, sach de Bûr tiegen sînen Knecht, da gaw et swâre Arbêt. (Woeste.)
161. Hänse, hett de Sle'erten ôk Schuoken? frauch de Bûr, da hadd 'e 'en Pannwiemel sluoken. (Woeste. Vergl. 473.)
162. Irren es menslik, hadde de Bûr sacht, da hadd he anplass't Kalf ên Rü'en slachtet. (Woeste.)
163. Jedes Ding hat ein Ende, sagte der Bauer, aber eine Predigt ei unser Kerche nê. (? — Wander.)
164. Dat hewe 'k iäm afsghuaten, sach de Biur, da hadd 'e sîn twedde Kind selwer doft. (Grafsch. Mark. — Wander.)
165. Uf de Oart nâ Gelegenheit d'r Imstände, sagen die Bauern. (Görlitz. Wander.)
166. A D und R, sagte der höfliche Bauer, als man ihn fragte, was er vom Schulzen bekommen habe. (Oberlausitz. Wander.)

167. Dat es ên komoude Dingen, sagte de Bûr, doa soagh hä'n Lampensnüter, knîped de Kuale vam Lechte un döüd se der in. (Grafschaft Mark. Wander.)
168. In meinem Dorfe, sagte der Bauer, sind die Bauern alle so fromb wie ich. (Lehmann. Wander.)
169. Fir an Dreier Lichte, sagte der Bauer, dass das Gelauf ne immer is. (Schlesien. Wander.)
170. De Bôkwêten is nich ier säker, bet he in'n Magen is, sä de Bûr, do föllt em de Pannkôken in de Ask. (Oldenbg.)
171. Schmeckst a paar Öchsle? sagte der Bauer, und trieb beim Gewitter seine Ochsen heim, da ihm der Blitz die vorigen erschlagen. (Schwaben. — ?)
172. Mit di wi'k wol fârig wârr'n, segt de Bûr, lättst du regnen, füer ik Mess. (Mecklenb.)
173. Dit mal bün ik doch tô gau wêst, sagte der Bauer gen Himmel sehend, als er vor dem Platzregen mit dem Heu in der Scheuer war. (Schütze. Wander.—?)
174. Unserm Herrgott ist nicht zu trauen! sagte der Bauer und machte sein Heu am Sonntage. (Neander. Vergl. 1130.)
175. Der Teufel mag Herrgott sein! sagte der Bauer, der Christum spielte, und warf das Kreuz fort.
176. Wenn der liebe Gott olle Noine schiebt, do müss bier uffhiern, sagte der Bauer, als ein Blitz die Kegel umwarf. (Oberlausitz. Wander —? —)

177. Use Herrgott will ôk kîne Narren bî sick hebben, sagte der Bauer, da man ihn bedauerte, dass ihm ein kluger Knabe gestorben war. (Oldenburg. — Wander. — ? —)
178. Goht's Wôrt un Fuhrwerk gilt iebig, sagte der Bauer, färr ale Bibeln un ale Pfäre aber mag ke Teifel vil gân. (Oberlausitz. Wander.)
179. Use Heärghuad häd de Welt in sä's Dagen maket, se es der ôk na woaren, hadde de Biur saght, do hadde sik den Beärgh 'rop kweäled. (Mark. Woeste.)
180. Frisst koi Bauer was ung'salze, sagte der Bauer, als ihm das Butterbrod 'nunter fiel. (Schwaben.)
181. Dahem ist deham, sagt der Bauer im Allgäu.
182. Nei mol nei, ist neunmol 'raus, sagt der Bauer. (Schwaben.)
183. Selber fressa macht fett, hat der Bauer zum Metzger g'sagt, hat die Stallthür zugeschlagen. (Schwb.)
184. Dreck und Speck macht fett, sagte der Bauer und frass den Käse mit der Rinde. (Schwaben.)
185. Wollet mer wieder (laufen)? hat der Bauer von Wildberg g'sagt. (Schwaben.)
186. Was g'moint, g'schisse! saget d'Baure. (Schwaben.)
187. Wenn ma oin z'Markt trage muess, ist's scho letz, sagt der Bauer. (Schwaben.)
188. Dat 's ossig, segt de Bûr, slêt 'n Hâmel mit de Ext dôd. (Mecklenburg.)

189. Nix tau velle! sê de Bûr to'n Koerensack, hârr em balde mit tüsken de Möllenstaeine retten. (Westfalen.)
190. Ik bün van hôger Ovkumft, see de Bûr, mîn Vader is Tornwachter wêst. (Oztfr. — Vrgl. 880. 1807.)
191. J bin au koiner Sau vom Ars g'falle, sagte der Bauer, da sich einer mit seiner Abkunft vom Schulmeister brüstete. (? Schwaben. Vergl. 294.)
192. Ik bün gên Fründ van warme Bollen, see de Bûr, as he vör tein Stüver up hadde. (Ostfr.)
193. Se bünt lütjet, man lecker, segt de Emder Grönte-bûr. (? — Ostfr.)
194. Schlichtweg, Jan, see de Bûr, as he sîn Kind döpen lêt, — he sall man achter de Plôg (Ostfr.)
195. Du host de Finger !im reachte Loch, sagte der Bauer, als sein Sohn ein reiches Mädchen freite. (Schwaben.)
196. Ueberhüpf' den Teufel, sagte der Bauer zu seinem Sohn, der in der Bibel las und ein Kapitel überschlagen sollte. (Vergl. 870.)

---

192. 't is mall, sä Jann, warme Bollen mag ik nich; dôr harr he vör drê Fiefthalwen up. (Ostfr.)
193. In der Flensburger Gegend sagt dies der Grönhöker.
194. Slech wiägh Hiärmen salle haiten, häi sall ächter de Kaie, sach de Biur, bo häi sîn Kind woll doipen lâten. (Mark. Woeste.)

197. En ider no sinn Môg! sei der Bûr, do frôt he Speck mit Fîgen. (Meurs. — Vergl. 885. 933. 1758.)
198. Elk sîn Mœge, sä' de Bûr, do êt he't Kind sînen Brê up. (Oldenbg. Vergl. 1626.)
199. Et Unglöck hät brîde Föss, säd' der Bûr, do soch hä 'ne Münch kumme. (Köln.)
200. Met alle Plasir, sage de Bûre, wenn se mösse. (Aachen.)
201. Aller Anfang ist schwer! säd' de Bûr, dô wull he de Koh bi'n Swans in'n Stall trecken. (Vergl. 353. 1362. 1469.)
202 Aller Anfang ist schwer — blôt nich bî't Stênsammeln, segt de Bûr. (Mecklenburg.)
203. Dat helpt vör de Müs', säd' de Bür un stök sîn Hûs an. (Vergl. 1020. 1295.)
204. Sachte, sachte! säd' de Bûr; sachte, hew ik segt! do brennt em de Schün' av, wo he de Spennen ûtrökern wull. (Mecklenbg.)
205. Dat nödigst' toêrst, säd' de Bûr, un prügelt sîn Frû un lêt dat Pêrd in'n Graben liggen. (Vergl. 1025.)

---

200. Von Herzen gern, sagen die Bauern, da müssen sie. — Dann wollen wir, sagt der Bauer, wenn er muss. (Eifel.) Geare, sagt der Bauer u. s. w. (Schwaben.)
205. Dat näudigste eist, hadde de Biuer sagt, as eam ên Pêrd in'n Grawen fallen was, do hadde he eist sin Wîf prügelt. (Paderborn.)

206. Airst de Pîpe un dan't Piärd intem Grâwen, sach de
Biur, do was iäm sîn Piärd 'rinfallen. (Mark. Woeste.)
207. Practica est multiplex, sä de Bûr, do bund he sin'
Pier mit'n Stêrt an'n Plôg. (Ostfr.)
208. Dat härr ik nich dacht, säd' de Bûr, dôr fêl he
von'n Wagen.
209. Dat hädd' ik nit dacht, sä de Bûer, doa smeit' e
den Wagen ümme. (Westf.)
210. Versiupet se, so versiupet se, hadde de Biur sagt, da
hadd'e junge Enten op't Wâter satt. (Westf. Wander.)
211. Assa Se, au trinka Se, Herr Pforr, sagte der Bauer, es
kriegt's sunst de Kitsche (Katze). (Schlesien. Wander.)
212. Dos fingt (findet) sich, sagte der Bauer. (Görlitz.
Wander.)
213. Hopla Finke! sagte der Buer, doa draug'e ne Ûle
im Körwe. (Büren. Wander. Vergl. 1602.)
214. 's ist bluss meine Frau ertrunken, sagte der Bauer,
ich duchte, 's wär' en Kolbe ei a Teich gefoll'n.
(Schlesien. Wander. ?)
215. Ber machen uns ôch anne Frêde, sagte der Bauer
zu seiner Frau, als sie ihn bei der Grossmagd im
Bett traf. (Oberlausitz. Wander. — ?)
216. All's mit Mâten! säd' de Bûr un söp 'n Quart (Mât)
Bramwîn up'n mâl ût. (Vergl. 1026. 1587. 1641.)

---

209. Hätt's nicht gedacht, sagen die Bauern, wenn der
Wagen fäl't. (Baiern. Wander.)

217. Auch gut! sagte der Bauer, da hatte er einen Floh gefangen, er war aber auf der Läusejagd.
218. Es kostet nichts! sagte der Bauer und prügelte seinen Jungen.
219. Es kommt! sagte der Bauer, da hatte er drei Tage auf dem Nachtstuhl gesessen. (Vergl. 308. 1482.)
220. Reihet euch! sagte der Bauer, da hatte er nur eine Kuh im Stall. (Vergl. 138. 992. 1115.)
221. Das ist schändlich! sagte der Bauer, da die Kuh in's Wasser schiss, das Land ist gross genug.
222. So möt't kâmen! säd' de Bûr un spennt sîn Frû vör de Êgg'. (Vergl. 32.)
223. Renlichkeit is de Hauptsâk! säd' de Bûr, Jung hâl 'n Bessen un feg 'n Disch av. (Vergl. 552.)
224. No reinlich, hat der Bauer g'sagt, hat die Nas mit der Hand putzt. (Schwaben. Vergl. 401. 1209.)
225. Wo is't mœglich, säd' de Bûr, dat de Jung Regîn hêt un de Diern David. (Vergl. 957. 1403.)
226. Platz dôr! segt de Bûr to'n Muskanten, dôr kann ôk noch 'n Minsch sitten.

---

217. Ok all guet, sach de Flohfänger, da hadd 'e 'ne Lûs griepen. (Woeste.)
218. Dat közt kên Geld, secht de Bûr, do wamzt he sînen Jungen dör. (Jever.)
221. Et is doch Schaë etc. (Hildesh.)

227. Schön! segt de Bûr, wenn de Eddelmann Släg krigt. (Vergl. 1619.)
228. Nix vör ungôd! säd' de Bûr, dô slög he den Eddelmann an'n Hals. (Hamburg.)
229. Dat kümmt wedder! säd' de Bûr und gaw sîn Swîn Swînflêsch.
230. Dat 's 'n Buddel! säd' de Bûr un drünk ût'n Läpel.
231. Is all's 'n Œwergang! säd' de Bûr un prickelt sîn Frû mit de Messfork.
232. Wat Varrer, wat Fründ! säd' de Bûr, de kên Geld hett, blîw' mi von'n Wagen. (Vergl. 1114. 1627.)
233. Dat sünd andere Tîden hütigen Dags, segt de Bûr, erst 'rin in'n Büdel un denn sprekt ja. (Altmark.)
234. Säker is säker! segt de Bûr und schitt sich in de Hosen.
235. Dat's vörwôr nix Lütts! segt de Bûr, wenn de Oss in de Wêg' ligt.
236. Dat is êns up hunnert! säd' de Bûr un mâkt 'n Fârken un noch dôrtô 'n bunt.

---

227. Bon! säd' de Bûr un dâr krêg d. E. Släg. (Hambg.) Schön! segt de Bûr, wenn de Schriwer Släg krigt. (Mecklenbg.)
236. Dat wier ên! harr jenn' Bûr segt, harr'n Fârken mâkt, æwerst wat vör'n Fârken? — 'n Brâtfârken (Mirow.). — Dat's ên, härr jenn' Bûr segt, härr sîn Frû 'n Fârken mâkt un noch dôrtô 'n bunt. (Mecklenburg. — ?)

237. Na nu! säd de Bûr on mâkt en Borg, on de Eddelmann en Windhund. (Preussen. Frischbier.)
238. Wat wârd net all vör 't Geld mâkt, hadde de Bûr segt, dô had he'n Âpe sên. (Ostfr. — Vergl. 1652.)
239. Bat es doch ên Âpe ên spassig Menske! sach de Biûr. (Grafsch. Mark.)
240. Jedem das seine! sagte der Bauer, da ass er dem Kinde den Brei auf.
241. Kurzer Hornung, sagt der Bauer, ist gemeinhin ein Lauer. (? — Fischart.)
242. Starw' noch nich, Pierd! säd' de Bûr, ik will îerst Hawern seigen.
243. Nix œwern Hûsfrêden! säd' de Bûr un prügelt sin' Frû.
244. Dat verstôt sich! segt de Bûr, dôr sprök he Hochdütsch. (Auch Mecklenbg. Vergl. 1480.)
245. Hei wat, Stroh un Water satt, sä de Bûr, do sprôk he Latin. (Ostfriesl. — Kern & Willms.)
246. Giwt Gott Jungs, säd' de Bûr, so giwt he ôk Büxen.
247. Kîk wat all! säd' de Bûr, dôr kêk he in'n Schâpstall.
248. Ja, segt de Bûr, je höger de Âp stigt, desto mîer wist he den Niers.

---

238. Ebenso hochdeutsch vom Narren gesagt; nach Wander in Strelitz von der Frau.

249. Jede Kunst hat Geräth! sagte der Bauer und kämmte sich mit der Mistgabel.
250. Dat 's 'n recht Gesicht! säd' de Bûr, as de Swînkopp up'n Disch kêm.
251. Wenn nur der Buckel auch Bauch wär', sagte der Bauernbub' an der Kirchweih, als er sich satt gegessen und noch ein Hirsebrei kam. (Franken. Vergl. 120.)
252. Ongewännt, segt jen Bûrjung, on lätt söck e Tähn ûttehne. (Preussen. Frischbier.)
253. Eck kann't Hemd nich von'n Mâse krîgen, sä dat Bûermäken, da et de Stadtmann küssen woll. (Hildesh.)
254. Wir sind hier und hier sind wir, segt de Bûrvagt.
255. Lât'n man trecken, segt de Bûrvâgt, Melk geben deit he nich. (Mecklenbg. Vergl. 465.)
256. O jo (je)! seht Baum. (Meurs.)
257. Nu kümmt dor wat, segt Bautzendal, dunn schôt he ût de Lûk. (Mecklenbg. Vrgl. 806. 1916.)
258. Das ist ein Stück! sagte Beckmann, da sass er mit der Ziege auf dem Dach.
259. Dat gêt nich so, segt Beckmann, as slâp bi't Mäten un dô ehr nix. (Vergl. 1183.)

---

249. Kunst will Geräth haben, sagte Jener u. s. w.

260. Gut Ding will Weile haben! säd' Beckmann, da slêp hê up de Diern in. (Hambg.)
261. Amen es ût, sä Beckroth, alle rôe Schelmen dögen nit. (Meurs. — Wander.)
262. All Stunden sind nich 'lik! segt Behrwold.
263. Achter œwer! segt Berg, hest' minen Hamel nich sên?
264. Alle höfflich (d. i. voller Hoffnung)! sagen die Bergleute.
265. Ên Ackermann, ên Plackermann, ghuad aere bai ên Handwiärk kann, sach de Bessenbänner. (Grafsch. Mark. — Wander.)
266. Sünig, see Besje, Swewelstick in twê un Söpkes so völ mêr. (Ostfr. Vergl. 510. 537.)
267. Sünig, see Besje, Speck in Botter braden. (Ostfr.)
268. Schütze, nu fehle! hat der Bettelbub' g'sait, hat g'meint, er krieg' 'n Kreuzer und 'n Stück Brod, und ist auskeit worden. (Neresheim.)
269. Leben, ôk leben lâten, säd' de Bettelmann un smêt sîn Wamms voller Läus' hinnern Zaun. (Danzig.)
270. J fahr au Schlitte — mit'm Hintere über's Bett na, sagt der Bettelmann. (Schwaben.)

---

266. Sünig! see de Bûr, dô köfde he halwe Swefelstikjes, man Söpjes so völ mêr. (Ostfr.)

271. 's kommt älles, sagte der Bettelmann, kalt Wetter und koi Schua. (Schwaben.)
272. Nünd rechts thut nündrechts, hat der Bettelmann zum Grüschwegger gesagt. (Schweiz.)
273. Ist das auch ein Almosen? hat der Bettler gesagt, da er zur Thür hinausgeworfen wurde. (Werra.)
274. Es kommt alles auf's Höchste! sagte der Bettler, da krochen ihm die Läuse um den Hut.
275. Wat dôr wesen möt, möt wesen! säd' de Bettler, sett't 'ne P'rük up un ging bârv't. (Vergl. 99.)
276. Man muss bisweilen auch ein Auge zuthun, sagte der einäugige Bettelvogt. (Sutor.)
277. Kören deit kein Licent, segt de Beddelvagt. (Hildesh.)
278. Eck nehme nix, eck nehme nix, segt de Beddelvagt von Alfeld un hält de Hand hinnen ût. (Hildesh.)
279. 's geht! sagt der Bettscheisser von Ulm. (Vergl. 343. 1543.)
280. Das kommt später, sagt Meister Biegel. (Preussen. Frischbier. Vergl. 1377.)
281. Mit Fisematenten spêl ik nich, säd Unkel Binder, tô Malchow, da lewt' he noch. (Mecklenburg.)
282. Ich achte der Possen nicht! sagte der Bischof, da hörte er einen Spruch aus der Bibel. (Vergl. 1765.)

283. Schünn Dank! segt Blank. (Mecklenburg. Vergl. 829. 840. etc.)
284. Plume, segt Bleier. (Preussen. Frischbier.)
285. Bûr is 'n Bêst, sä Jan Blesene. (Ostfr.)
286. Ist es nicht besser, so ist es doch schöner, sagte jener Blinde, als ihm die Frau das Loch für's Licht zeigte. (Fischart. Lehmann. Wander.)
287. Nu will'n wi sên, segt de Blind', wo de Lahm danzen kann. (Vergl. 647. 785. 797. 1723.)
288. Wi ware emal sehne, segt jen Blinder on heft sîndag' nuscht mehr gesehne. (Pr. Frischbier.)

---

283. In Mecklenburg findet man unter den Stallbedienten, wohl nach den Namen verschiedener Kutscher, die Zusammenstellung: Prost! segt Jost. Schünn Dank! segt Blank. Kost't ôk Geld? segt Ihlenfeld. Dat's Spass! segt Maass. — Ebenso in Braunschweig die folgende: Leck meck im Mase! segt Hase. Womidde? segt Quidde. Mit der Tunge, segt Runge. Dat dau man, segt Naumann. Man stille! segt Hille.
287. Dâr sast mal sên, segt de Blinn', woans etc. (Mecklenbg.) Oder: Jetzt wöllet mer sea, hat der Blinde g'sagt. — Jetzt wollet mer seha, hat der Blind' g'sagt, wie der Lahm' hat laufa wolle (oder: wie mein Weib tanze ka). (Schwaben.)

289. Ne, segt de Blinde, öck kann fer mîne Oge nich linksch danze sehne. (Pr. Frischbier.)
290. Man ümmer druff! segt Blücher. (Mecklenbg.)
291. Bat siet de Bock bîm Drunke nitt, sach de Bock da stont de Wulf ächter iäme. (Woeste. Volksüberlieferungen in der Grafschaft Mark.)
292. Hârt gegen hârt, säd' de Buck (Bock), da stött he mit'n Kopp gegen de Hawerkist. (Flensburg. Vgl. 1753.)
293. Dat hölt hârt! säd' de Buck, dôr süll he lammen. (Vergl. 351. 1159.)
294. Ik sün nich ût'n Kattpot krâpen, see Tante Bohls. (Ostfr. Vergl. 191.)
295. 'raus Kaptain, rief Bohnenstengel. (Pommern. Wander. — ?)
296. Noch nich, segt Bökmann. (Danzig. Frischbier.)
297. Bêter is bêter! segt Bollen. (Ostfr.)
298. Nu kümt dôr wat! segt Bolzendahl, holl de Bütt man unner.
299. Rönn önt Füer, segt Bonart on sprung ön e Karpediek. (Preussen. Frischbier. Vergl. 1638.)
300. Ik kann't dôn un kann't lâten, säd' Paul Botterbrod, da hett he sick achter't Flêsch sett't. (Flensbg.)

---

298. — s. Bolzendahl, dâr stött he sîn Frû de Trepp herun (Mecklenbg.)

301. Wat dôr wesen möt, möt wesen! säd' Johann Böttker, Sünndags Flêsch un witt Sand vör de Döer. (Vergl. 352. 964.)
302. Das setzt neue Liebe, segt Brand un slêt sîn' Frû mit 'n Bessenstêl. (Mecklenbg.)
303. Me maut wuol mâll 'n Oge tauknîpen, sach de Brûmêster, da honk iäm bai'n Schenken oppen Nacken. (Woeste. Vergl. 17.)
304. Rathet mir gut! sagt die Braut, aber rathet mir nicht ab.
305. 't hett all sîn Tîd, see de Brût, dô sêt se bi't Füer. (Ostfr.)
306. Ich muss! sagt die Braut von Bessa. (Kirchhof, Wendunmuth. Vergl. 396.)
307. Noch wît von Lachen! sei de Brût, do hûlte se all. (Meurs. Ebenso hochdeutsch. Vergl. 1234.)
308. Dat kümmt, dat kümmt! säd' de Brût von Bordelum, dôr härr se drê Dâg' unnern'n dôden Kêrl legen. (Vergl. 219. 1319. 1482.)
309. Dôr is Fotzen Trumpf! säd' de Brût, as se to Berr ging.
310. Ta, ta slâ mal'n Knutten in, säd' de Brut un furzte den Deuwel vör de Näse. (Lünebg.)

---

304. Râ mi gôd, sä de Brût, man râ mi nî av. (Jever — Mecklenbg.)

311. Eck hôle et jümmer mit der Midde, dat het mîn sêl'ge Mutter ôk edân, sä de Brût tau'n Bröddigam. (Hildesh.)
312. Ênmal kênmâl, säd' de Brût. (Hambg.)
313. Glöck, wer dat Glöck heft, segt de Brût. (Preussen. Frischbier.)
314. Nu kann't losgahne, segt de Brût, on schött äwer'n Ledderbôm (Preussen. Frischbier. Vergl. 1123.)
315. Es kann sich ändern, sagt Bredero. (? — Wander.)
316. Opgehuckt, segt de Bronat on geit bî sîne Ohle. (? Frischbier.)
317. Nâ de Ôrt un Wîs', segt Brookstedt.
318. Dat öss rein tô'm Bênutdrêge, segt de Bross. (Pr. Frischbier.)
319. D' Brunnenliese hätt g'sat: Lug d' Bîre a. (Kirchhofer. Schweiz.)
320. Mei Vater reisst, mei Mutter reisst, mein Bruder reisst, mei Schwester reisst, und i alloi rrreiss net, hat der sell Bua g'sagt. (Schwaben.)
321. 'Rum, Rosel! hat der Bua zum Mädle g'sait. (Schwaben. Vergl. 1285.)
322. Vater, zünd' d' Latern' an, die Kuh will kälbern, 's ist aber nur a Stierle, sagte de Bub. (Schwaben. Birlinger. Vergl. 108.)

---

320. Als Gegenstück zu diesem das Schnarren persiflirenden Spruch finde ich einen norddeutschen gegen

323. Do riuk deran, sied Büddemann. (Mark. Woeste. Vergl. 707. 1363.)
324. Roth ist die Farbe der Liebe! sagte der Buhler zu seinem feuerfarbnen Schatz.
325. Willt tûschen, willt tûschen! röpt de Bull. — Nä! segt de Buck. (Lüneburg. — Vergl. 41. 441. 1036. 1507. 1524. 1846. 1851.)
326. En fründlich Bêde, Môder, lênt mî ju Dochter, segt Carsten Bull. (Holstein.)
327. Wat dô ik mit de Büx, wenn dôr kên Klapp to is! segt Paster Bülow. (Vergl. 399.)
328. Dat di de Loft vergeit, segt de Bunkus, wenn he em de Kopp afhaut. (Preussen. Frischbier.)
329. Ên Freud is nôg, segt Bünsow un giwt sîn Lüde kên Ôrenklâtsch. (Rügen.)
330. Bî allen is wat un bî wat is noch wat, segt de Börgerboë. (Hildesh.)
331. Das wird sich zeigen, sagt der Burgemeister von Esslingen.

---

das durch die Nase sprechen — schnauben: Ik snuw' nich, säd' jenn' Frû, un mîn Mann snuwt ôk nich, un de ollen Wetterjören snuben alltosamen, seggen ümmer: Mutter, nîd Brod! — un ik segg ümmer: kannst nich seggen nid Brod? — Mecklenburg.

332. Wollt ihr hinter mir sprechen, so muss ich schweigen, sagte der Bürgermeister von Rottweil, als ihm vor Kaiser Sigismund ein Furz entfuhr.
333. Es ist für Gott zu viel, sagt jener Burgermeister in der Herberg, gab ein Merker und hatte für ein Gulden Lachs gefressen. (Neander.)
334. De Geschmack is verschieden, segt Burgheim, ên mag de Mutter un de anner de Dochter. (Mecklenbg. Vergl. 815.)
335. Kopf weg! schreit der Bursch zu Halle. (Preussen. Frischbier.)

C.

336. Es ist gut gegangen bis auf sell Plätzlein, sagte der Capuziner von Bremgarten, als er im Rausch in die G'rinngrube gefallen war. (Klostersp. Wander.)
337. Das Alter soll man ehren, sagte ein Capuziner, als man ihm alten und neuen Wein bei einander bot. (Luther.)
338. Nû rôr! segt Casbôm, dat Hûs is verköft. (Mecklenburg. — Vergl. 1694.)
339. Wo sall ik denn hen? segt Jacob Caspers.(Halligen.)
340. Scheisse! sagte Cicero und verschwand im Nebel.

---

340. Scheisse! sagt Cicero und wirft die faulen Eier an die Wand. (Preussen. Frischbier.)

341. Der Rücken hört auch zum Menschen, säd' oll Cordix. (Mecklenburg.)

D.

342. Wer auf Reisen ist, muss vorwärts, sprach der Dachdecker, da fuhr er das Dach hinunter. (Preussen. Frischbier. Vergl. 638. 1068.)
343. I scheiss', wenn mer's noth thuet, sagt der Dachscheisser von Ulm. (Schwaben. Vergl. 279)
344. Arbeit is kên Hâs', säd' de Daglöner, löpt uns nich weg. (Hambg.)
345. Auf Streitigkeiten lass ich mir goar nich ein! säd' Hanne Dahm un störr den Snîder vör de Bost. (Mecklenbg.)
346. Nun will ich dennoch nicht fluchen, sagt' Dambach, do man jn wollt' henken. (Neander. Vergl. 370.)
347. Grade auf, wie ich! säd' de schêw' Danzmeister. (Vergl. 1077. 1540.)
348. Ru ich desshalb, sagt der Höfner David. (Freudenstadt. ?)
349. Wi kennt üsch ja, segt Deichmüller, da lewe noch — ja, da lewe noch. (Lünebg.)
350. Dassagâl, segt Denker. (Mecklenbg.)
351. Wenn de Swäleke wi'ne Gôs schîten will, sau bastet êr dat Âslock, segt de. (Hildesh. — Vergl. 293. 1159. 1335.)

352. Wat dôr sîn möt möt sîn, segt de, mor'ns 'n Glas Bramwîn un middags 'n Stück Flêsch. (Vergl. 301. 964.)
353. Dat sünd Lüd' von Mitteln, segt de, hebben 'n Nôrs van twê Hälften. (Vergl. 85.)
354. Wer weiss, wo der Hase läuft, sagte der, und legte sein Garn auf dem Dache aus. (Vergl. 897.)
355. A jetzt hab' i meine alte Hosa an, hat dear g'sagt, der kein Geld hatte, dass ma de neue flicke kann. (Schwaben. Birlinger.)
356. Hauck vor matt, spricht der Dennmärker. (? — Kirchhof, Wendunmuth.)
357. 's ist au nit naithig, sait Dewitz von Cannstatt.
358. Rückt zusammen, ihr Knospen, ich hör auch an den Pfosten, sagt' der Dieb, der lief zu eim gespickten Galgen. (Fischart.)
359. Aller Anfang ist schwer! säd' de Dêf un stôl 'n Ambolt. (Vergl. 201. 1362. 1469.)
360. Galgen behalte dein Recht, sagte jener lose Dieb, da er in's Wasser fiel.
361. Ein wenig für die Gesundheit, sagte der Dieb, da er gehängt werden sollte. (A. d. Friesischen.)

---

353. Dat möt wat Vörnehm's sin, segt de u. s. w.
359. Ebenso hochdeutsch. Oder auch: — dôr stöl he'n Mœlstên.

362. Das Aergste ist gelitten, sagte der Dieb, da sollt er noch hängen. (A. d. Friesischen. — Vgl. 564.)
363. Ich bin über die Erde erhaben, sagte der Dieb, da hing er am Galgen.
364. Ehr eck nich kôme, wert'r doch nix ût, sä de Deif, da se den Galgen buën. (Hildesh.)
365. Dat ward mî sîn Dâg' vor Kopp stân, sä de Dêf, do läer em de Halfmêster den Strick um. (Bremen. Mindermann, Platt. Gedichte etc.)
366. Dat spit mi, sä de Dêf, as't nâ 'n Galgen gunk. (Bremen.)
367. Dat is nich vor de Katte, mên'te de Dêf, do stôl he den Bûr twe Schink n. (Bremen.)
368. De annern 'stiäld noch mär as ik, sach de Daif, as hä'n Piärd stuolen hadde. (Mark. Woeste.)
369. Leben un leben lâten, säd' de Dêf, do stôl he van tein Schap blôt negen. (Holstein.)
370. Dat scholl en' verdreten, harr de Dêf segt, as he infung'n wêr. (Bremen. Vergl. 346.)
371. Den Galgen hat mein Vater gebaut, sagte der Dieb, und der Vater war doch kein Zimmermann. (Altes Gold.)
372. I prästir's net! sagte der Dieb, da er gehängt wurde. (Schwaben.)

---

364. Beeilet euch nur ja nicht so, sagte der Dieb. Es wird doch nichts daraus, ehe ich komme. (Westfriesl.)

373. Dat hett de ganze Dag all so gân, see Anke Diedels, do lag se mit de Appels in de Gœte. (Ostfr.)
374. Nix seggen! seggen die lütgen Dierns, wenn't jem smeckt hett. (Hambg.)
375. Frisch in't Hâr, säd' de Deern, 't giwt krûsköppke Jungs. (Hambg. Vergl. 1200.)
376. So wat dô ik nich, säd' de Deern, da läer se 'n Bund Strô unner. (Hambg.)
377. Thu mir nischt darneben, sagen die Dirnen in Thüringen. (Hildesh. Vergl. 1187.)
378. Stöt de Herr mî man dâl, säd' de Diern, wat dô ik ôk in'n Herrn sînen Ârftenslag! (Hambg.)
379. All Ding hett sîn Wêtenschap, säd' de lütt Diern un härr dat Licht mit'n Stêrt ûtpûst.
380. As man de Hand ümkiert, ligt en Minsch up den annern, säd' de lütt Diern.
381. Dôr schull man wol Swêt von krîgn, säd' de Diern, dôr krêg se twê Kinner up'n mal. (Vergl. 1182. 1215.)
382. Nümmer härr ik dat dacht! säd' de Diern, dôr krêg se 'n Kind mit'n holten Bên. (Vergl. 1177.)

---

379. Ebenso hochdeutsch von Mädchen, oldenburgisch von Jann, ostfriesisch von Engelmö oder Grôtjemö.
381. Da schull man wol Swêt von krîgn, see malle Becke, dô krêg se wat Lütts. (Ostfr.)

383. Enn' gôd all's gôd! säd' de Diern, letzten Faden fîn.
384. Ik nehm' man twê Schilling, säd' jenn' Diern, 't slenckert sick doch den Dag œwer nâ'n Dâler 'ran. (Mecklenbg. Vergl. 1179. 1693.)
385. Ritt s' entwei, so ritt's entwei, säd' de lütt Diern. (Mecklenbg. Vergl. 1173.)
386. Stöt mî nich dâl, säd' de lütt Diern, dôr lêg' se all. (Mecklenbg. Vergl. 558.)
387. Dat Bîslâpen dêt't nich, dat Bîwâken schall't dôn, säd' de lütt Diern. (Mecklenbg. Vergl. 665. 1150.)
388. Slöpst du tau'n iersten mal bî mî un wist 'ne Jumfernschaft? säd' de lütt Diern. (Mecklenbg.)
389. Wo Flass is, is ôk wol Schäw', säd' de lütt Diern, as se 'n Kind krêgen harr. (Mecklenbg.)
390. Dat is man'n Smêrfleck, säd' de Diern, wenn de Sünn dorop schînt, is' t 'n Lock. (Ostfr.)
391. Dunnerweder Näs', Näs', wat mâkst mi vör'n Angesicht! säd' de Diern, dôr kêk se in'n Spêgel.
392. Dat sall mî nê dôn, see de Dêrn, ût wat vör'n Gat dat wol ûtlöpt! dô pisste see in ên Têmse. (Ostfr. Vergl. 52. 1659.)

---

384. Ich gebe hier einen Spruch, den ich unter der Angabe Kirchhof (sc. Wendunmuth) erhielt, dort aber nicht fand: Das heisst gewonnen, sagt' Jutte, die liess sich küssen um eine taige Birn und gab zwei Eier zu. Vrgl. auch 1824.

393. Dôr ligt't! säd' de Diern, un dat Kind fêl êr in'n Danz weg.
394. Man jümmer drîst, säd' de Deern, da ging se mit den Knecht tô Bett. (Flensburg.)
395. Wer kann vör Gewalt? segt de Deern, do trock se den Kêrl in't Bett. (Hamburg — ? Vrgl. 1203.)
396. Möt wi denn, so lât uns denn, seggen de Deerns, wenn se pissen gân. (Flensburg. Vergl. 306.)
397. Dat 's 'n Leben! säd' de Deern, da krêg se 'n Kind. (Flensburg.)
398. Dat kommt nich von Ungefähr, dat kommt von ganz wat anners hêr, säd' de Deern, da harr se 'n dicken Bûk krêgen. (Flensburg.)
399. Wat dô ik mit de Büxen, säd' de Deern, wenn dâr nix darin is? (Flensburg. — Vergl. 327.)
400. Dat gaw Luft! säd' de Diern un krêg twê Kinner up'n mâl.
401. Ik mag all's giern relk hebben! säd' de Diern, nam de Mûs ût'n Rômpott un strêk se sich dörch't Mûl. (Vergl. 224. 1209. 1563.)

---

393. Da liegt's, sagte jene gute Magd, da entfiel ihr das Kind im Tanz. (Agricola.) — Oder auch gereimt: — sprach die Magd im Kranz, da entfiel ihr das Kind im Tanz. (Buchler.)
401. Dat môt mi reine sin, sagte die Frau, do trock se ne Katte ût der Kearne un strîpede se af. (Paderborn.)

402. Man sacht Siewert! säd' de Diern, dat Hemd' is noch vör. (Vergl. 1235.)
403. Bêter in de wid' Welt as in den engen Bûk! säd' de Diern un lêt enen striken. (Vergl. 1663. 1674.)
404. Wer kann wider die Obrigkeit, säd' de Diern, da schull se von'n Feldhöder in de Wäken. (Vrgl. 1203.)
405. Dat is Jungheit, dat verwasst wedder! säd' de Diern, do härr se bi'n Knecht lêgen.
406. Quaden Trost! säd' de lütt Diern un härr 'n Bullen bi'n Büdel krêgen. (Vergl. 1216.)
407. Dat Ûder is da, aberst man ên Titt! säd' de Diern, dô befölt se den Bullen. (Hambg. Vergl. 1268.)
408. Lasst uns gehn, Zeit hat Ehr, sagt die gut Dirn, do ging sie zur Mettenzeit heim. (Sprichwörter, Frankfurt a. M. 1552. — Vergl. 1223.)
409. Vör 'n Dôd is kên Krût wussen, sä' de Docter, as sick ên dat Gnick brâken harr. (Mecklenburg.—?)
410. De wast 'n Dôd in de Möt, sä de Docter, as Jann de Swindsucht harr. (Ostfr. — ?)
411. Heste ôk Geld? segt Dongroth. (Meurs. Wander.)
412. Prost Mondschein! sagt Dornheim.
413. Schît is Schît, segt de Dreckfeger, un wenn't ôk von'n Eddelmann is. (Hambg. — Vergl. 101.)
414. Ik warr' den Mund 'n bêten beden, segt Schoster Drews und nimmt 'n Prîm. (Mecklenb.)

---

402. Miss, säd' de Maid, 't Hemd sitt d'rvör. (Ostfr.)

415. Ich gebe dir die Hand im Handschuh, sagte Droste, ich hab' aber auch die Krätze. (Westfalen.)
416. Dat stimmt nich, segt Düring un föllt von Neckern sînen Tritt. (Malchow.)

Düwel siehe unter Teufel.

417. Muss sehn! sagt Dux. (Hildesh.)

E.

418. Drythoaipe, sagte Ebbinges Hiärmen, un Küeteln asse Micken. (Iserlohn. — Wander — ?)
419. Dat öss e Poste, sagt Eberhard und hat Zwölf in der Oberfarbe. (Preussen. Frischbier. — ?)
420. Ich äss' eher Käs' und Brod, sagte die Edelfrau, eh' ich Hungers stirb. (Fischart.)
421. Wat is't doch swêr in 'n Himmel tô kamen, sä de Eddelmann, do wêr he herin 'n Sôd fullen. (Oldenbg. Vergl. 644.)
422. Mit Verlöw! segt de Eddelmann un nimmt den Bûren de Koh ût'n Stall. (Mecklenbg.)
423. Lämmchen, hast du auch gefreit? hat jener junge Ehemann gesagt, da er an einem Schaf vorüberkam, das den Kopf hing. (Werra. Vergl. 1527.)
424. Den Galgen! sagt der Eichele. (? — Bopfingen.)
425. Ist einer gut, sind sie alle gut, sprach Einer, kaufet junge Wölfe. (? — Vergl. 522.)

426. Dat ies en gued Weader vör ûs Gearstenkêrls, sagte Einer, do seggede he Gearste in 'ne hôle Êke. (Paderborn.)
427. Ehre, dem Ehre gebührt, hat Einer gesagt, hat den Andern die Treppe hinuntergeworfen. (Werra. Vergl. 917.)
428. Gan'k on kôp dek Petterzelge derföer, dan kannste dîn Wâter gôd mâken, sied de Elberfeller. (Mark. Woeste.)
429. Das hat Hitze, sagte Elias, als er auf dem feurigen Wagen sass, aber es geht zum Himmel. (Vergl. 760.)
430. Heunt is Musing im Schloss! sagen die von Ellwangen. (Ellwangen.)
431. Lüst jo wat miteten, ik denk van Nee, seggen de Emders. (Ostf. Kern & Wilms.)
432. Wat wo'stu olle Reåp? hadde 'n Eämperströäter to 'ne ollem Wife saght un eär wat met me Schenkenknuaken üm de Snûte giewen. (Mark. Woeste.)
433. Heute dir, morgen mir, sagte die Ente zum Regenwurm. (Danzig. — Vergl. 684.)
434. Do scheiss einer hin und schleif, sagte er, da ihm seine Rechnung verdorben ward. (Schwaben. Birlinger.)

---

427. Das Alter geht voran, etc. (Werra.)

435. Ganz richtig! säd' Johann Ernst un smêt den Paster in'n Graben.
436. Es ist Maul wie Salat! sagte der Esel, da frass er Disteln. (Vergl. 1452.)
437. Du büst 'n Essel, segt de Essel taun Essel. (Lüneburg.)
438. Gut Heu, hat der Esel g'sagt und hat den Lebkuchen gefressen. (Rothenburg.)
439. Allein geht's nicht, sagte die Essig-Tine, als sie gefragt wurde, wesshalb sie noch keinen Mann habe. (Werra.)
440. Das ist garstig! sagte die Eule, da sah sie ihre Jungen an.
441. Mî gruet, mî gruet, schriegt de Ûl. (Mecklenbg. Pommern. Vergl. 41. 325. 1036. 1507. 1524. 1846. 1851.)
442. Se se, wat jung is röget sick, sä' Ûlenspeigel, un weg hucke d'Flô. (Lünebg.)
443. Mêster, wat lange dûrt, wârd gôd, sä' Ûlenspeigel, do em de Winn' plagen. (Lünebg.)
444. Hastig gespolt öss nörning tô gôt, sed' de Uhlespegel, wie he sêwe Johr nâ Eetik gegange wêr, on tabrôk op e Schwell de Kruck. (Preussen. Frischbier.)
445. Dat dickste End' kömmt hinde nâ, seed de Uhlenspegel on stöckt dem ohle Wîw den Schöffelstêl ön e Narsch. (Prss. Frischbier. Vergl. 528. 1787.)

446. Et geit hart op hart, seed de Uhlenspegel on schêt op e Stên. (Pr. Frischbier. Vergl. 1752.)
447. Stennen is't halwe Arbeid, sä Ulenspegel, dô stell de he sück achter de Smidt hen un stenn' sîn best. (Ostfr. K. & W.)
448. Ih sau slâ Gott 'n Deuwel! dôt! reip Ülenspeigel, do em de Böxen platze. (Lünebg.)
449. As 't fallt, säd' Ûlenspegel, so êt ik't. (Hamburg. — Vergl. 932.)
450. Es hassen mich alle Leut', aber ich thu' danach, sagte der Urispiegel. (Jerem. Gotthelf.)
451. Avwesslung möt sîn! säd Ûlenspegel un kettelt sîn Grossmôder mit de Messfork.
452. Ûlenspegel hett språken: as du et find'st, sallst du et låten. (Mecklenbg.)
453. All gân's gôd, harr Ûlenspegel segt, ênen karrt de Düwel doch 'rût. (? — Mecklenbg.)
454. Dân Ding' is gôd Raug'n! säd' Ûlenspegel un wischt 'n Nôrs îr he schäten härr. (Vergl. 567.)
455. Ut de Hast kümmt nix gôdes, säd' Ûlenspegel un lêt'n Semppott fallen.
456. Nu kâm ik! segt Ûlenspegel un föllt ût'n Keller up'n Bœn. (Vergl. 63.)
457. Wi beid sünd 'lîk stîf! säd' Ûlenspegel, he lêg æwers unner. -- (Vergl. 1261. 1573.)

---

456. Jetzt komme ich dran, sagt der Hanswurst.

458. So mennig Kopp, so mennig Sinn, säd' Ûlenspegel un smêt 'n Sack mit Dôdenköpp van'n Bârg (de ên lêp gôr nâ'n Krôg). (Mecklenbg.)
459. Noch Gottlov kann ik di twingen, sä' Ûlenspeigel un klappe sînen Vâder 'n Mâs. (Lünebg.)
460. Bêter is bêter, sä Harm Ewers, wenn't ôk nix wêrt wêr. (Wander.)
461. Kumm an! säd' Peter Ewers, lêg he all in de Gœte. (Mecklenbg.)

F.

462. Olt un jung kinnert gôd, hett oll Falksch segt, hett sich'n jung'n Kierl frîgt.
463. Der Faul' spricht: es will nit Nacht werden. (Seb. Frank.)
464. Wann soll ich arbeiten? sagt der Faule, im Frühjahr ist viel Wasser, im Herbst viel Schmutz, im Sommer ist's heiss und im Winter kalt. (Bertram. Wander. — ?)
465. Köp dî'n Buck, den dörfst nich melken, segt de Fûl'. (Holstein. Vergl. 255.)
466. Ich denk's, sagte Faulenz, mocht er nicht ja sagen.
467. Es wird morgen wieder Tag, sagt der Faulenzer. (Schweiz.)

468. Scheper, wahr di, segt de Fewerwari. (Pommern.)
469. Dat is raren Sand, see de Fêling, as he in de Klei kwam. (Ostfr.)
470. Ik kann gên Drang um de Hals lîden, see de Fêling, do sull he uphangen wârden. (Ostfriesl. — Vergl. 1269.)
471. Wat hebb wi'n Lüst hat, sä de Feling, do harren se mit söven ên Glas Bêr had. (Ostfr. K. & W.)
472. Dat was êne sünder Stên, sä de Feling, do harr he'n Snigge dal slâken vör 'n Plûm. (Ostfriesland. Kern & Willms.)
473. Geerd, hebben de Plûmen ôk Bênen, anners hebb' ik, straf mi Gott, 'n Pogg dal slaken harr de Feling segt. (Ostfr. K. & W. Vergl. 161.)
474. Amsterdamken, as ik di noch ênmal so quam, sullt du nêt völ behollen, sä de Feling, do harr he der 30 Gülden mit brocht. (Ostfr. Kern & Willms. Vgl. 736.)
475. Harr ik mî sülfst nêt presen, denn weer ik ungepresen tô't Land ûtgahn, harr de Feling segt. (Ostfr. K. & W.)

---

469. Dat's hier 'n wunderken Sand, sä de Maid van Ammerlant, azze bi Regenwäer dör'n Klei muz. Jever. — In Ostfrs. lautet der letzte Satz: as se in de Marsch op'n wêken Klei gân schull.
470. Eck kann dat Ketteln an'n Halse nich verdrâgen, sä de Deif, da se êne hängen wollen. (Hildesh.)

476. Dat 's 'n Leiden! säd' Fehlmann, künn 'n Vrack nich ankrîg'n un härr kênen. (Vergl 1141.)
477. 't is all as't is! säd' Fehlmann un trekt 'n Vrack verkiert an. (Vergl. 773.)
478. Bonn! seth Fei, do dreet se ennen Blaffer ût. (Meurs.)
479. Bonn! seth Fei, do trock se ennen Pier ût de Fott on bont sech den Hoos dormet op. (Meurs. — Vergl. 148. 150.)
480. Dat kümmt all œwerês herût, segt Mutter Fentsch, kâkt Kaffee in'n Pisspott. (Mecklenburg. — ? Vergl. 553.)
481. Elk ên sîn Mœg, säd' Hans Fink un rêd' up de gäl Wörtel.
482. Wat ik kann, dat kann ik, säd' Hans Fink, dôr wull he sîn Koh an'n Swans melken.
483. Wat du vör'n Minsch büst, säd' Johann Fink tôt Swîn, hest beid' Pôten in'n Trog. (Mecklenburg. Vergl. 1146. 1286. 1879.)
484. Weg dôrmit! segt de Finnenkîker. (? — Hambg.)
485. Wat de Häkt doch dünn is! säd' de Fischer, dôr härr he'n Âl in de Hand.
486. Wat rörst mank de Stint? säd' de Fischerfrû, mênst du, dat't Swäns' sünd, de grötter wârden? (Hamburg.)

---

477. Dat's 'n Leiden, säd' Fehlmann, künn Vrack nich ankrîg'n un sêt mit beid' Arm all dôrin.

487. Blinn' Herr Ehrwürden, kann he nich sehn? säd' de Fischfrû, as de Paster ehr den Korf ümstött harr. (Mecklenbg. — ?)
488. Wos da brennt, wird noa verfaulen, sagte der Fleischer, als ihm Feuer auf der Hose lag. (Hirschberg. Wander.)
489. Na so wat lewt nich, segt de Flescher, dat Kalw öss dôt — an heft e dodges Kalw op e Schuller. (Preussen. Frischbier. Vergl. 1463.)
490. Wind! säd' Fœke, do schêt he in't Segel. (Ostfr.)
491. 'n Schät! see Fokke, do harr he noch hêl gên Nêrs. (Ostf. Vergl. 1335.)
492. Wi arme Minsken, segt Fookje-mö, gên ên Blatt Thê in Hûs un Peter kummt mit de Brût. (Ostf. K. & W.)
493. Noch ês to! säd' Fœx un slög Baiern an'n Hals.
494. Krigst 'n Dôd in de Waden! säd' de Förster, dôr härr he in'n Dûernbusch schâten.
495. Wer Swîneköppe hebben will, môt 'r Hunneköppe an setten, segt de Föster. (Hildesh.)
496. Furcht bewârt dat Holt, segt de Föster. (Hildesh.)
497. Wegen zwei Gröschel Buttermilch kann ich meinen Gang nicht ändern, sagt Meister Förster. (Schlesien. Wander.)
498. Wenn der Hund nicht g'schissen hätt', hätt' er den Hasen gefangen, sagte der Förster. (Werra. Vgl. 833.)

---

498. Ebenso schwäbisch sagt's d'r Sell.

499. Fied (Kiek), säd' Frans un sêt up de Appelkist. (Holstein. Wander.)
500. Wie das Fass, so der Wein, sagte die Frau zum Mann, als er von ihrem Urin getrunken. (Eifel.)
501. Ich muss hinnacht meinem Mann noch Gallrei zu essen geben, sagen die Frawen. (Geiler.)
502. Das geht (ging) an, sagte die alte Frau, als ihr Rock lichterloh brannte.
503. Tacke de Katt nich an, segt de Frûe tau'n Hund. (Hildesh.)
504. Nu hewt wî doch Fleisch in'n sûren Kohl, sä de Frue, da fell 'ne Lûs herint. (Hildesh.)
505. Friedke, schäpp man von bawe, unde ligge de Spörkel fer 'm Vaderke, sagte die Frau, welche ihrem Knecht wohlwollte. (Prss. Frischbier.)
506. Auch eine Kunst! hat selbige Frau mit der Drehorgel gesagt. (Schwaben.)
507. Wat tôsâmen sall, kümt tôsâmen, segt de oll Frû, un süll de Düwel 't ôk up de Schufkôr tôsamenkôren.
508. Ach wat sall dat lang' Töbn, sä' de Frû, harr êr Mann êr vörn rûtslân, harr's hinn' wedder 'rinngân. (Altmark.)

---

500. Der Wîn smackt nach dem Stock! sprach der Büttel von Gisslingen, als ihm die Frau von ihrem Urin vorgesetzt hatte. (Eiselein n. Bebel.)

509. Släs du hunnerd Döüwel drût, släs du dûsend Döüwel drin, har de Frau saght, as se de Mann slœd. (Mark. Woeste.)
510. Süni, süni, säd' de Frû, snêd' dat Berrlåken entwei un flickt de Fåddöker. (Vergl. 266. 537.)
511. Beter'n Flick as'n Lock, segt de oll Frû un sett't 'n blågen Strumpschacht up de Mau. (Mecklenbg.)
512. Sett' di op dîn Môrs, segt de Frû, denn löpt da ken Mûs herin. (Hamburg.)
513. Carnem in carnarium meum! sagte die Frau, dass der Mann ihr beiwohne. (Eiselein n. Bebel.)
514. Ein altes Kesselchen will auch gescheuert sein, sagte die alte Frau, als sie von neuem heirathete. (Preussen. Frischbier. Vergl. 1866.)
515. Dürre, lass di g'spüre, hat die Frau zum Mann g'seit, als er im Bett nit an sie kam. (St. Gallen.)
516. Wer in Leimbach nichts taugt, taugt in Geheus auch nichts, hatte Gläse Hannes seine Frau gesagt. (Werra.)
517. De Aal sünd tô düer, segt de oll Frû un brött Marricken. (Mecklenbg. Vergl. 569.)
518. Ik bün ôk jung wêst, säd' jenn' oll Frû, un hew ôk küsst, æwer sôn Geküss hew 'k doch mîn' Dåg' nich sên. (Mecklenburg.)
519. Oewerôrs geit't tô'n besten, Jhrwürden, säd' de Frû. (Hamburg.)
520. Arm un Bên' kann man nich brennen, segt de Frû. (Mecklenburg.)

521. Man kummt wat tô Mâte, sä de Fro, do harr êr Mann dat grôt Lôs wunnen. (Bremen.)
522. Einer wie der ander, sagte die Frau, die junge Wölfe feil trug. (Kirchhof, Wendunmuth. Vgl. 425.)
523. Alles es gued in'n Folkspot, mar (aber) nîne witte Fiksebunen, hadde de gneädige Frau saght. (Hagen. Wander. — ?)
524. Dat dêt de Jonghêt, sacht de Frau, du sprong se överne Struhzalme. (Aachen.)
525. Fûrt mit di, rein mut ik't hebben, säd' de Frû, dôr slôg se de Sæg' mit 'n Rômläpel vör'n Môrs.
526. Ach Gott, den Weg möten wi all! säd' de oll Frû, dôr füert de Schinner mit de Koh ût'n Stall. (Vergl. 1863.)
527. Gewohnheit! sagte die alte Frau zum Aal, da zog sie ihm die Haut ab. (Vergl. 1060.)
528. 't Dick hölt noch hinner! säd' de oll Frû un schêt ne Worpschüffel ût, dôr kam de Stêl toîerst. (Vgl. 445. 1787.)
529. Arbeit zehrt! sagte die alte Frau, waschte 'ne Nachtmütze aus und ass 'n Laib Brod dazu auf.

---

529. Waschen tärt! harr jenn' Frû segt, da harr s' 'n Nachtmütz wuschen. (Altmark.) — Das Wasser zehrt, hat die Nonne gesagt, da hat sie ihren Schleier gewaschen und einen ganzen Laib Brod dazu gegessen. (Auerbach. Vergl. 1856.)

530. Mîn Sœn is nix Dumm's! säd' de oll Frû, as he jung wier, härr he flessen Pisseldök'.
531. Nu tô'n drüddenmal! säd' de oll Frû un las 'n Abendsegen. (?)
532. Man kann des Guten nicht zu viel thun, sagte die Frau und ertränkte sich im Weihkessel.
533. Ach, es ist zu spät! sagte die Frau, da ging sie der Knecht beim Leichenzug ihres Mannes um die Heirath an. (Kirchhof. Vergl. 1897.)
534. Wie du mir, so ich dir! sagte die Frau zum Mann in der Brautnacht.
535. Besser ichts denn nichts! sagte die Frau und ruderte mit der Nadel. (Vergl. 1756.)
536. Es gilt gleich Vater oder Pater! sagte die Frau in der Nacht.
537. Practisiren ist die Kunst! sagte die Frau und setzte den Flicken neben das Loch. (Vergl. 266. 510.)
538. Wer mir's thut, dem thu' ich's wieder! sagte die Frau und flickte ihres Mannes Hemden.
539. Wo wat is, dôr risselt wat! säd' de oll Frû un schürrt't Kind mit't Bâd'wâter ût.
540. Do wuot hänged, do wuot räird, sach de Frau, do fol iär Mann fam Balken. (Mark. Woeste.)
541. Dê îerst Nôt möt kîert wâr'n! säd' de oll Frû, haugt 'n Backeltrog entwei un mâkt dôrmit dat Süerwater hêt.

542. Dat was 'n gôden Tog! säd' de oll Frû un zoppt sich'n Kîwît ût 'n Nôrs. (Vergl. 717.)

543. Ik möt ümmer wat ümme de Hand hewwen, sagde de Frugge, dô stond se amme Schandpâl. (Paderborn.)

544. Is dat nû wol 'n Büdel von veir Wochen? reip de Frû des Abends in'n Bedde, dô d' Mann ût Paris terügge kam, — is dat nû wol 'n Büdel von veir Wochen? (Lüneburg. Aehnlich in Schwaben.)

545. Pâpe is dôte, nû is de Worscht 'egetten! seggte sîne Frûë, als se vör êhne noch wat betâlen solle. (Halberst. Quedlinbg.)

546. Hei is sau unschuldig wie Stahlberg! seggte jenne Frûë, as ên Spitzbube dorchût nich 'egripst hebben wolle. (Halberst. Quedlinbg.)

547. Ênmal hett't man hulpen, säd' de Frû tau'n Docter, mor'ns üm sœbn ging he tô Stôl un abens tein sêt he noch. (Hambg.)

548. Oeffning hätt's schon, aber es geht nix dadurch, sagte die alte Frau, als der Arzt sie fragte, ob sie Oeffnung habe. (Schwaben.)

549. Gott gêw', dat dês' Wind ümslêt, sä de oll Frû un hett 'n Wêd' inne Ogen. (Holstein.)

550. Bai wäsket de Hasen un de Vösse un se sitt doch glatt, sach de Frau, da lait se iäre Blagen ungerüstert lôpen. (Woeste.)

551. De Nachtfröst blîwen ümmer noch nich ût, säd' jenn' oll Frû, darbi wîer't twischen Wînachten un Nîjôr. (Mecklenbg. — Vergl. 1862.)
552. Renlichkeit is't halwe Leben! säd' de oll Frû un fegt 'n Disch mit'n Bessen av. (Vergl. 223.)
553. Renlichkeit is de Hauptsâk! säd' de oll Frû, wenn ik jichtens kann, rür'k de Klüt in'n Swîntrog an. (Vergl. 480.)
554. Wat 'st vör 'n rinlichen Minschen! säd' de Frû, vier Wochen ên Handôk un noch rein. (Mecklenb.)
555. Dat Wäter têrt! säd' de Frû, dôr trêd' se œwer'n Rönnstên.
556. Brüden gêt üm, säd' de Frû und legt sich up'n Mann.
557. Dat hew'k up'n Gräp, säd' de oll Frû, as de Pracher de Lûs.
558. Wenn 'k man îerst lêg! säd' de oll Frû un sêt in'n Berr. (Vergl. 386.)
559. Helpt't nich, so schadt't ôk nich! säd' de oll Frû un schöw't Kind in'n Backâwen.
560. Wenn't man îerst dörch't Kammrad is, säd' de oll Frû, kümmt't ôk wol dörch't Nôrsgatt.

---

556. Dat is all œwerês, säd' de Frû un läer' sich up'n Mann.
558. Wenn 'k nû man îerst lêg'! säd' de Jung un sêt in'n Berr; Moder, kâmt hêr un stöt't mî üm.

561. Man ist nie zu alt zum Lernen, sagte die alte Frau, da lernte sie noch hexen.
562. Wer's kann, dem kommt's! sagte die alte Frau, da fing sie an zu tanzen. (Vergl. 1860.)
563. Mein Mann ist auch was im Kartenspiel, sagte die Frau, da war er Rathsherr.
564. Danke Gott mein Kind, dass du nicht vor das Riber Gericht kamst, sagte die alte Frau, da sah sie ihren Sohn am Galgen zu Warde hängen. (Jütland. Vergl. 362)
565. Wenn't man 'n Unglück sin sall, säd' de oll Frû, kann man'n Dûm in'n Nôrs avbrêken. (Vergl. 714.)
566. Wat is't vör'n sûer Leben, îer 'n Grossmôder wârd, säd' de oll Frû un härr 'n Wesselbalg in de Wêg'.
567. Dân Ding'n is gôd Raug'n! säd' de oll Frû un lês den Morg'nseg'n un Abendseg'n to'lik. (Vrgl. 454.)
568. Seg du man Teller! säd' de oll Frû, de Bratwust is all dôr.
569. Dat smeckt doch nâ de Krei! säd' de oll Frû un bröd sich 'n Tûnpâl. (Vergl. 517.)
570. Kinner- un Kalwermât möten oll Lüd' wêten! säd' de oll Frû un pûst 't Licht ût.
571. 't sünd hochbênig' Tîden! säd' de oll Frû un bünn sich de Strümp œwer de Knê tô. (Vergl. 85.)

---

569. Dat smeckt doch nâ Vâgeln, s. d. Frû, dôr kâkt se Supp up'n Tilg', wo'n Heister sêt'n harr.

572. Wenn du wedderkummst, biste better wi'n Furz, dei kummt nich wedder, segt Rasch sin' Frû. (Hildesheim.)
573. Einmal Borgemêster, immer Borgemêster, sä' den Borgemêster sîn Frû, as hei awesettet word. (Hildesheim. Vergl. 1635.)
574. Ja ja, mîn leiwe Mann, wenn hei de Ârften nich sau mag, so seihe hei tau, wo hei Speck krigt, sä' jenne Frû tau'n leckern Handwerksburssen. (Hildesb.)
575. Kümmt Tîd, kümmt Rath, kümmt Kind, kümmt Kiddelken, seggen de Fruenslüe. (Altmark.)
576. Tugend is de Hauptsâk, säd' de Frier, mîn Brût hett söss Johr mit 'n Inspecter lêwt un doch kên Kind. (Hambg.)
577. Schitterlittschitt is 'n dubbelten Furz, segt Frêtlütge. (Hildesh.)
578. Hüte dich vor dem Thier, das Zöpfe hat, sagte jener gute Freund. (Eutrapol.)
579. Deit se schon wedder dicke? segt Jungfer Fricke. (Hildesh.)
580. Abgemacht! sagt's Bechers Friederle. (Schwaben.)
581. Besser mitgenommen als d'rumgekommen, sagt Friedrich, da lebt er noch. (Stargard.)
582. Dazu hat Buchholz kein Geld! sagt der alte Fritz. (Berlin.)
583. Practica est multiplex, sagt' der Frosch, sass auf der Reuse. (Neander.)

584. Da stehn wir Helden, sagte der Frosch zum Schwaben. (Seb. Frank.)
585. Geld gibt Ehre, sagte der Frosch und setzte sich auf einen Heller. (Buchlerus.)
586. Barbati praecedant! sagte Magister Fuchs und stiess den Bock die Treppe hinab.
587. Et wär doch man mîn Spass, säd' de Voss, dôr härr he'n Bêrblatt vör'ne Bêr ansên.
588. Wenn kên kummt, will'k ôk kên, säd' de Voss un slôg mit'n Stêrt an'n Bêrbôm. (Auch Jever.)
589. De Bêren sünd doch sûer, säd' de Voss, as he se nich lang'n kunn. (Bremen.)
590. Se is mi to krumm, säd' de Voss, da hung de Wust an'n Balken. (Auch Jever.)
591. Verfier dî nich, säd' de Voss, dôr sprüng he up'n Hahn.
592. Et dampt all, wenn't brennt, giwt 'n Füer, säd' de Voss, do härr he up't Îs schäten. (Vergl. 641.)

---

589. De Druwen sitt suer, sach de Voss, as he nitt derbi konn. (Woeste.) Ebenso hochdeutsch. In Köln: De Bîre sind noch nit rif, s. d. Fuss, do schott hä den Baum mit singen Stäz.
590. — sai de Voss, da satt de Katt met 'ner Worst oppem Bôme.
592. Dat wârd mal 'n Füer wâr'n, säd' de Voss u. s. w.

593. Wo Rôk is, is ôk Füer, säd' de Voss un kackt up't Îs. (Vergl. 913.)
594. Brennt's schon? hat der Fuchs gesagt, als er den Altenstein angesteckt hatte. (? — Werra)
595. Herr Jemine, wo dampt d' Thê! sung de Voss, do harr he sîner Frugen in'n Kêtel mêgen. (Lünebg.)
596. Nix vör ungut, säd' de Voss un bat 'r Gans 'n Kopp av. (Lünebg. — Vergl. 684.)
597. Nimm't nich œwel! sä' de Voss, da harr 'e 'ne Gôs bi'n Wickel. (Hildesh.)
598. Dat is der Gâs recht, worümme is se nich bî Dâge nâ Hûs egân, segde de Voss, da beit he êr den Kopp af. (Schambach.)
599. Der Hunger ist sinnreich, hat der Fuchs gesagt, da er die Ente rupfte. (?)
600. Wen man't bêden kann, den bütt man't, säd' de Voss, as he'n Hasen in't Lager schêt. (Pommern.)
601. Ik hewe nîne Tîd, sach de Foss, do soagh hai den Jäger kuemen. (Mark. Woeste.)
602. Bläute Aerde es 'ne ghuede Bâr, sied de Foss. (Mark. Woeste.)
603. Dat ruckt hier nâ Minschen, säd' de Voss, as hei in't Schîthûs' raën was. (Lünebg.)

---

593. Wo Rauch ist, ist au Feuer, hat der Fuchs g'sait, aber no ist er schier erfroren. (Neresheim.)

604. Vêr Spêrs stât der all, sach de Voss, dä en Hûs buggen woll, da lach he sik oppen Rüggen un holl sîne Schuoken in de Locht. (Woeste.)
605. Ôk all wedder dôr? säd' de Voss tô'n Swînegel, dôr lêpen se Werrbân.
606. Ik floit di wat! säd' de Voss, stêk den Stêrt tüsken de Bên un knêp ût. (Osnabrück.)
607. Nu sünd wi säker! säd' de Voss un sett't sich achter'n Marlhalm.
608. Woll dem, dei under Dack ös, säd' de Voss on sêt underm Schmelhalm. (Preussen. Frischbier.)
609. Wat bûten wol vör Weder is? säd' de Voss un sêt achter'n Marlhalm. (Vergl. 1529.)
610. Nu is gôd Schûlen! säd' de Voss un sêt achter'n Beenthalm. (Hannover.)
611. De Voss segt: de Stunne vor der Sunnen tüt dör de Plunnen. (Schambach.)
612. Wir treffen uns wieder, sagte der Fuchs zum Wolf, wenn nicht eher, so beim Kürschner auf der Stang'. (Prss. Frischbier.)

---

609. Wo den Minschen wol tô Môd' is, de bûten sitt? säd' de Voss, dor sêt he achter'n Windhalm. — Oder: achter de Eggtän. (Mecklbg.)
610. Schûl, schûl! had de Voss segt, had achtern Bênthalm sêten. (Ostfr.)

613. Fangste Bêwerken? sä' de Voss tau'n Wulf, as düssen d' Swans up'n Îse fastefrôren was. (Lüneburg. — Vergl. 1911.)
614. Herreje, ik krîge de kôle Pisse, sä' de Voss, da schöll 'e hänget wêren. (Lünebg.)
615. Denken drüggt! segt de Voss. (Altmark.)
616. Geht kloan ro, hot da Fuchs g'sagt, hot alle Tag a Fliegn gfangt. (Baiern. Vergl. 1904.)
617. Go'n Dag all! harr de Voss segt, do harr he in'n Gôskâbn kêkn. (Eichwald.)
618. Dat sünd Redensôrten! säd' de Voss, de Bûr wârd mi nich tô'n Gôs'hîrden mâken. (Vergl. 1910.)
619. Snacken dêst du gôd, æwer wîsen as'n Schelm, säd' de Voss to'n Bûren.
620. Up'n Wîm dörfst du wol wîsen, æwer nich up't Hohn, säd' de Voss. (Mecklbg.)
621. 't is man 'n Œwergang! säd' de Voss, dôr treckten se em dat Fell av.
622. 's ist nur ein Uebergang! sagte der Fuchs, als ihm der Jäger das Fell über die Ohren zog. (Vergl. 786. 1060.)

---

619. Jn Ostfriesland: awer nâsten büst du doch 'n Schelm etc.
621. Dat 's 'n Œwertog, säd' de Voss un lêt sich't Fell œwer de Ûren trecken.

623. Wo de Welt up un dâl gêt! säd' de Voss un sêt up den Sôd'schwang (de Schwangrôde). Vrgl. 1759.)
624. De Welt is rund, sä de Voss, dô satt he up'n Rullfôrstêrt. (Ostfr. K. & W.)
625. 't is Tîd! segt de Voss to'n Hasen, hüerst du den Jäger nicht blasen?
626. Wor nu hen vth? sprack de Voss in der Vallen. (Manuel, kleg. Bodesch.)
627. Unverworren! sagt' der Fuchs, war schon im Netz. (Neander.)
628. Alln's unner Wâter, säd' de Voss, do sweit't he vor Aengsten. (Dithmarschen.)
629. Histahottanaraweg! sagen d' Fuhrleut. (Ulm.)
630. Dem Mann ein Vogel, sagte der Fuhrmann und nahm selber die Gans. (Vrgl. 1405. — Auch Jever.)
631. Holt Spôr, segt de Fauhrmann. (Hildesh.)
632. Singen un fîdeln kann jedwêd', säd' de Fohrmann, aberst floiten, dat is 'ne Kunst. Da schullen sîn' Pier stallen. (Hambg.)
633. Da muss doch die Hölle einen Riss kriegen! sagte der Fuhrmann, als er umwarf. (Oberlausitz. Wander. — ? —)

---

626. Wo nun heraus, sprach in der Falle die Maus. (Wander.)
630. Es ist dem Mann umb ein Vogel, sagt' jener Fuhrmann und legte die Gans für sich. (Neander.)

634. Ach Scheiden wie thust du so weh! sagte der Fünfte, dem war das Hemd im Ars gebacken.
635. Quid nunc? segt Funk.
636. Holt Pûst! segt Fûst. (Mecklenbg.)
637. Dat sünd Minschen! segt Fûst, îerst schîten se up de Klink un denn seggen's: Fûst, mâk de Döer tô. (Mecklenburg.)

G.

638. Ich fahre! sagte die Gans, als der Fuchs mit ihr zu Holz fuhr. (Vergl. 342. 1068.)
639. Alles ein Gesöff! sagte die Gans, da hatte sie in sieben Pfützen herumgeschnattert.
640. Dat's ên Bier, säd' de Gôs, dôr ging se von'n Messhof an de Pissrönn.
641. Dit Füer böt ik! säd' de Gôs, do dêr se wat up't Îs. (Vergl. 592.)
642. t is lang tô Lâw'! säd' de Gôs, dôr kêk se in'n Sôd. (Vergl. 421.)
643. Dar gân wî Fisken mitnander hen, harr de Garnat tegen de Butt segt. (Ostfr. K. & W. Vergl. 1502.)
644. Ût en Höltchen werd sîn Lêwe kein Rejjenettenappel, segt de Garner. (Hildesh.)
645. Möer as Schît, säd' de Garner, as he sîn Plummen besêg. (Hambg.)

646. De is't wêrt, segt Geerd un wîst op de Diern. (Holstein.)
647. Dat hebbe ik hört, see de dowe Geerd. (Holstein. Vergl 287. 785. 1723. etc.)
648. Blut rinnt zusammen, hat der Geissbock gesagt. (Vergl. 1605.)
649. Es bleibt ja doch in der Freundschaft, hat der Geissbock gesagt, da er dem Schneider den Kohl gefressen. (Werra.)
650. Ent uppen Tuen, ennat up't Kalduen, dat is noech för mî, säd' jen Geizhals, un doabî treckt he sich'n Hemd an. (Ukermark. Engelien, Volksmund.)
651. Häutchen wie stinkst du, aber Geldchen wie klingst du, sagen die Gerber. (Eifel. — Vergl. 660. 1493.)
652. Dennoch! sagt Gerlach.
653. Mit Ihrem gütigen Wohlnehmen, säd' Vatter Gastenkôrn, da böert' he de Prêsterfrû dat Hemd' up. (Hambg.)
654. Dat's 'n beduerlichen Fall, säd' Vatter Gastenkôrn, da harr de Prêsterfrû 'n avsmêten. (Hambg.)
655. Wo wat is, dôr spillt wat! säd' Gesche, härr twê Kinner hat un dat ên was dôrvon storwen. (Oldenburg. — Vergl. 1397.)
656. Schett ôk, segt Gewers. (Hildesh. Auch Braunsch.)
657. Dat iṣ middelmässig, segt Gierloff. Mecklbg.)
658. Weck biste! sagt Gisemann. (Eisleben.)

659. Sie werden mich ja nicht meinen, sagte der **Giesskannenscheisser** aus Schweina, als die Jungen ihn so riefen. (Werra.)
660. Rûten ût! segt de **Glaser** un smitt sîn Finstern entwei. (Vergl. 651.)
661. Verring, lât schêten, segt **Glei**. (Mecklbg.)
662. Grillen! säd' **Göke**, dôr krêg he sîn Môder vör'n Plôg. (Oldenbg.)
663. Willt jü hier alle loschiren? Et is 'r Platz genaug, segt de **Gôsewische** un kratzet seck unnen an'n Buke. (Hildesh.)
664. Nebbig, sagt Goethe. (Königsberg. Frischbier.)
665. Man schläft nicht nur bei seiner Frau, man schwatzt auch mit ihr, sagte Meister **Gottfriedchen**. (Werra. Vergl. 387.)
666. Sie sagt es auch, sagte Meister **Gottfriedchen**. (Werra.)
667. 's hat keinen Anstand! sagt **Grebe**. (Schwaben.)
668. Mies is as Mau, segt **Gret**, uns' Katt bitt se all beid'. (Mecklbg.)
669. Help hollen! segt **Gret** un härr 'n Lûs in'n Tôm.
670. Man kömmt endlich doch ön e Höcht, säd de **Gringel**, wi hei an e Angel hung. (Prss. Frischbier.)

---

669. Help holen, se **Geerd**, do had he 'n Mûs in Tögel. (Oldenbg.)

671. Gut, Lieber, segt de Grôt, denn hett he de Düfel in'n Nacken. (Ostfriesl. Wander. — ? — Vergl. 853.)
672. Dôr geit nix œwer de Renlichkeit, säd' mîn oll Grossmôder un kêr all Wînachten êr Hemd üm. (Vergl. 1306.)
673. In tausend Jahren ist's oins, sagt mein Grossmutter. (Schwaben.)
674. Ihr Herre, das sind wüste Sache, m'r wey lieber swygge dervo, sagte der Guggisberger. (Jerem. Gotthelf.)
675. Gôd to wêg', seggen de Güstrower, as de Lûs in't Scharf.
676. Scha, es wird nunmehr halt so thun, hat jene Gute gesagt, als es um Johannis noch einmal schneite. (Werra. Vergl. 1862.)
677. Das Dicke kostet das meiste Geld, hat jene Gute gesagt. (Werra.)
678. Wenn's auch donnert, hat jene Gute gesagt, hat man doch einen Mann im Haus. (Werra.)
679. Es hat sie noch keiner gewollt, aber weil du's bist, sollst du sie doch kriegen, hat jener Gute gesagt, da einer um seine Tochter anhielt. (Werra.)

---

672. Nichts über Reinlichkeit, sagte die alte Frau und wandte alle Weihnachten ihr Hemde um.

680. Sauer macht lustig, sagte jener Gute zu seiner Frau und zerschlug ihr den Essigkrug auf dem Schädel. (Werra.)

H.

681. Wan ik sal wassen, sied de Hawer, dan mäüste mi ghued krassen. (Mark. Woeste.)
682. Man rassi bilank! segt Hinnerk Hagungs, ik hew all mennig Herren Tafel betrêden. (? — Ostfr.)
683. Gut gegeben, segt Hahlke, krigt ên mit de Wagenrung' an den Kopp. (Rostock.)
684. Nur nicht ängstlich! sagte der Hahn zum Regenwurm, da frass er ihn auf. (Vergl. 433. 596.)
685. Berr sein noch nich auseinander, soite der Hoan, as de Regenworm eis Lohch krîchn wullte. (Schlesien. Wander.)
686. Extra muros, sagte der Hahn, da ging er mit Nachbars Hühner spazieren. (? — Holstein.)

---

684. Noch sind wir nicht auseinander, sagte der Hahn zum Regenwurm u. s. w. Nur keine Angst nicht, s. d. H. und verschluckte den Regenwurm. — Durchaus nicht, antwortete dieser und schlupfte hinten wieder 'naus. (Schwaben.)

687. Errare humanum! sagte der Hahn und trat die Ente. (Vergl. 31. 996.)
688. Nix vör ungût! säd' de Hahn! do trêd he op de Henn. (Holst.)
689. Nix umsünst! säd' de Hahn, dôr sett't he sich up dat Hohn.
690. Nit so ängstlik, hadde de Hâne seght, deu hadde opp'er Henne siäten. (Iserlohn. Wander.)
691. Ich nähme ein Gerstenkorn für die Perle! sagte der Hahn.
692. Nimm die Füss' in Acht, oder ich trete dich! sagte der Hahn zum Hengst. (Vergl. 1394. Auch Oldenburg.)
693. Joa, saghte Henrik Halfmann, hä mainere ower nei. (Mark. Woeste.)
694. Dat Aas hett wat lehrt, segt Coord van Hallen, de kann dör de Welt kamen. (Ostfr. K. & W.)
695. Ik schît in de Kramsvageln, segt de Hamborger, wenn kên Appelmôs dorbî is. (Holstein.)
696. Wat segst du dôrtô? segget se in Hamborg.
697. Holl di jo nich up, de Oll is komisch, seggen's in Hamborg.

---

687. Irren is minslik, sä de Hahn, do trêd' hê 'n Aant. (Ostfr. Mecklenbg.) Oder: Dat wêr 'n Versên etc. (Oldenbg.)

698. Platz dôr in'n Rönnstên, ik will dôr liggen, ik bün'n Hamborger Börger, säd' de Hamborger tô'n Altonaer. (Hamburg.)
699. Wöllt 'n bêten vör't Stêndôr gân un sên, op de Bôkwêtengrütt all bleuen deit, seggen de Hamborger. (Holstein.)
700. Daz mir, daz dir, sprach der Hamer zu dem Ambos. (Wackernagel Lesebuch.)
701. A grundehrlichs Spiel! segt der Hämmerle von Aalen. (Aalen.)
702. Noth bricht Eisen, ich kann's beweisen, sagte der Handwerksbursch, da hatte er in's Bett geschissen.
703. Schad um dean schöne Durscht! sagt der Handwerksbursch, wenn er Wasser trinken muss. (Schwaben. — ?)
704. Die Gänse müssen aber einmal recht gezwiebelt werden, sagte Hanjörk zum Amtmann, als er seine eigenen Gänse auf seinem eigenen Kleeacker gepfändet hatte. (Werra.)
705. Na solke Streiche! segt de Hannemann. (Preussen. Frischbier.)
706. Ik lât wat uppergân, segt de Hannoveraner.
707. Da rük an! sä' Hans, da slaug hei Jürgen up de Näse. (Hildesh. Vergl. 323. 1363.)
708. Oll Höhner sünd tâg, säd' Hans, dar harr he bi 'ne Jungfer von tachentig Johr lêgen. (Hambg.)

709. Dat nimmt sik Fransch ût! säd' Hans un krêg de Diern bi'n Schinken. (Holst.)
710. Das war ein Wurf! sagte Hans und warf seine Frau zum Dachfenster hinaus. (Vergl. 1161.)
711. Spass muss sein! sagte Hans und kitzelte Greten mit der Mistgabel. (Vergl. 1208. 1778.)
712. Das hätten wir gehabt! sagte Hans, als man seinen Vater begrub.
713. Ordnung muss sein! sagte Hans, da brachten sie ihn in's Spinnhaus. (Vergl. 1054. 1883.)
714. Das heisst Unglück! sagte Hans, fiel auf den Rücken und brach die Nase. (Vergl. 565.)
715. Noth hat kein Gebot! sagte Hans und kämmte sich mit der Gabel.
716. En Krei hackt de anner kên Ôg' ût! säd' Hans, dôr lêwt he noch. (Vergl. 65. 1088. etc.)
717. Dat was 'n gôden Tog! säd' Hans un treckt de Brût 'n Täk ût 'n Nôrs. (Vergl. 542.)
718. Dick up! segt Hans, dat sall 'n Hingst wâr'n. (Vergl. 1200.)
719. Lustig! sagte Hans, morgen haben wir wieder nichts.
720. Setz an! sagte Hans mit der wächsernen Nase.

---

712. Dat härr'n wi hatt, sä' Hinnerke, az he sinen Vader begrôv. (Jever.)

721. Ich habe mich zur Ruhe gesetzt! sagte Hans, da war er Bote worden.
722. Drumb heisst zuletzt, sagt Hans von Baden. (? Eyring.)
723. Dabei bleibt's, sagt Spelter Hans. (Lehmann. Wander.)
724. Sie scheissen alle Brei, sagt's Glockengiessers Hänslein zu Nürnberg. (Fischart.)
725. Mömme, saggte Hänslien tau suiner Mäuder, wenn iek et Hittken nit hollen kann, sall iek et dann mäns läupen laten? (Soest.)
726. Süst, segt Hans Jochen tô'n Prêster, dôr hett de Düwel de Katt in'n Nœtbusch. (Mecklenbg.)
727. Nur nobel, lieber koi Rand am Hut, sagt der Hanswurst. (Schwaben.)
728. Wenn de Düwel de ên herunkôert, segt Hanswurst, kôert he'n annern all wedder h'rup. (Vergl. 868.)
729. Von wegen Timpen Erben! sagt Dr. Hantelmann. (Hildesh.)
730. 't Ôg' will ôk wat hebbn! säd' blind Harm, dôr frîgt he nâ ne moi Diern. (Oldenbg.)
731. Dat was 'n Tog! säd' Harm un treckt de Brût dat Hemd ût.

---

730. Dat Ôge will ôk wat, see blind' Jacob, dô frêde he na'n môge Wicht. (Ostfr.)

732. Wit derfan is ghued füärm 'Sghuot, sied de Hase. (Mark. Woeste.)
733. Allbot helpt! säd' Metz Hast un söp 'n Näs'dröppel vör Döst. (Holst.)
734. Dat sünd sîn Knäp! säd' de Hattersche, dar lêg êr Mann up't Starwen. (Oldenbg.)
735. 's sind Dütsche do und dene (?), de Rhi nu scheid't is, seit de Hauesteiner und dütet ins Aargau. (Schweiz. Wander.)
736. Stugert, hast Geld? sagte der Hausirhändler, als er mit einer Tracht Kienholz die Staige herunter kam. (Schwaben. Vergl. 474.)
737. Ihr kommt alle 'ran, sagt Hausmann. (Stargard. Wander.)
738. Ên Lust is't, säd' Hauswedel, da lewt he noch. (Mecklenbg.)
739. Nur gegen mir g'schafft! sagt die Hebamm. (Stuttgart.)
740. Was kann das arme Kind dafür? segt de Hew'amm. (Mecklenbg.)
741. Drinn ist's glei, aber hausse net, sagt die Hebamm' in Stuttgart.
742. 's Stündle bringt's Kindle, sagt die Hebamm. (Schwaben.)

---

734. Dat bünt man Knäp, sä de Frû, as êr Mann bi't Starwen dat Gesicht vertruck. (Ostfr.)

743. 's ist en Unterschied zwischen 'nei und 'raus, sagt die Hebamme.
744. B'sinn' de! sagt der Hechtwirth. (Freudenstadt.)
745. Lât't gewähren, segt Jann Heeren, mîn Dochter is de Brût. (Ostf. K. & W.)
746. Mîn Instrument giwt kênen annern Ton! segt Jacob Heiden un fidelt up'n Stock. (Vergl. 950.)
747. Hm, hundert Pund Klumpen en Morgen Land! segt Heike. (Hildesh.)
748. So geht's im Leben, sagte der Doctor Heling und lag im Rinnstein. (Ostpreussen. Frischbier. Vergl. 1085.)
749. Wat is de all lang dôd, de vör'n Johr graben is, säd' Helms, da lewt he noch. (Mecklenbg.)
750. Sammelholt brennt ôk, segt Helms. (Mecklenbg.)
751. In Gottes Namen! sagt' Hempel, schlug sein Weib braun und blau. (Neander. Vergl. 1247.)
752. Geh hin, werd' ein Krämer ein Schalk, sagt der Henker zu seinem Knecht. (Agricola. Sprichw.)
753. Solch Volk muss solche Pfaffen haben, sagt ein Henker, der ward in Behem ein Priester. (Sprichw.)
754. Zu Tübingen, sagt Henrichmann, wird wenig Gelds bald verzehret sein. (Fischart.)

---

752. Geh hin, werd' ein Krämer, sagt der Henker zu seinem Knecht.

755. Ende gut, alles gut, sagte ein reicher Herr, da belegt er ein zwilchen Kittel mit Borten von guldenen Stucken. (Fischart.)
756. Mit nichten, sagen die Herren von Nürnberg.
757. Dat knippt, säd' Jürgen Hersch, do sêt he tô schîten un harr sick mit beid Händ' in't Gras fât't. (Holstein.)
758. Dat sünd Leidenschaften! säd' Hertel, dôr lêpen em de Hamel weg.
759. Wat man nich belêwt, wenn man old wârd, säd' de Hex, da scholde se brennen. (Flensburg.)
760. 't is hüt 'n hêten Dag, säd' de Hex, dôr süll se brennen. (Vergl. 429. 1609.)
761. Bast hölt fast, segt de Hex. (Preussen. Frischbier.)
762. Ah Jeses, nu friätet doch, siet de Hielwiäger. (Woeste. — ?)
763. I gib's zua, sait der Himmelwirth, dass mei Magd hebt und mei Weib muss. (Schwaben.)
764. Steh fest, Schiffer, sagte Hinz, da warf er ihn über Bord.
765. Stâ wiss, Schipper! säd' Hinz, dôr smêt he em œwer't Gangspill.

---

760. 't is hüt 'n hêten Dag, säd' de Hex, dôr sêt se up de Holtricht. — Dat will van Dage 'n hêten Dag wârden, see't olde Wiw, as se verbrand wârden sull. (Ostfr.)

766. Sufet Wî bigottsch! sagt der Hirschwirth von Dürrheim. (Schwaben.)
767. Scho wieder! sagt der Hirschwirth von Weila. (Schwaben.)
768. Hast du kein Geld, so werde ein Amtmann! sagte der Hofmann zum Fürsten.
769. Juchhe, Lebensôrt, Hemd' ût de Büx! seggen de Holstêner.
770. Du schast grönen un blöhen as'n Törfsôd', is ôk 'n Wunsch, seggen's in Holsten.
771. De Gave is tô grôt, seggen de Hooksielers. (Ostfr. K. & W.)
772. Schîten, segt Hopp, dâr lêwt he noch. (Mecklenb.)
773. 't is all as 't is! segt Hoppach, kikt in de Zeitung un hölt s' verkîert. (Vergl. 477.)
774. Wer'n Narr wîer, segt oll Huddelbeck, un lätt sick von't Schâp bîten, wenn 'n de Holtext up'n Nacken harr. (Mecklenbg.)
775. Dâr is kên Sinn in! segt Huddelbeck. (Mecklenbg.)
776. Vör'n Schilling Fisch, segt Huddelbeck, un ôk noch ûtsöken! (Mecklenbg. Vergl. 1853.)
777. Lang un slank un Eddelmannsgang, segt Huddelbeck. (Mecklenbg.)

---

769. 't Hemd ût de Büx, is Lebensôrt, seggen de Jungs. (Ostfr.)

778. Dat lûd ferdüiweld, sied de Haufnagel. (Mark. Woeste.)
779. Man hat mich einmal mit heiss Wasser beschütt't, seither komm' ich in's kalte nit, sagte der Hund, da er nicht mehr in'n Regen wollt'. (Fischart.)
780. Ich bin so ehrlich wie du, sagte eine Hûr zur andern. (Eiselein n. Bebel.)
781. Wer zum Tanz den Willen hat, dem ist leicht aufspielen, sagt die Hur. (?)
782. An mir will jedermann zum Retter werden, sagt die Hur. (?)
783. Vernünftig Frû, segt Hûrn, wenn's Geld hett, köft sick 'n Schâp, denn krigt's ôk 'n Lamm. (Mecklenb.)
784. Fillichte, segged se te Hüsten. (Mark. Woeste.)

J.

785. Wat môt man nich alle hören, see dôwe Jacob. (Ostfr. — Vergl. 287. 797. 1723.)
786. 's ist nur ein Uebergang! sagte der Jäger zum Fuchs, da zog er ihm das Fell über die Ohren. (Vergl. 622. 1060.)
787. Is Finneldag, aberst kên Falldag, säd' de Jäger, härr nâ 'n Grîsen verbîschâten. (Hambg.)
787a. „Scharfe Augen geben gute Schützen" sagte der Jäger, — da schoss er eine Krähe für einen Adler.

788. So geht't gôd, segt Jahlbeck, un liggt mit 'n Rüggen in'n Bôt.
789. Wenn't kummt, denn kummt uppen Butten, sä Jann, do fund he 'n halwen Grôten in't Flägels. (Oldenbg. Wander. Vergl. 1588.)
790. Dat's miss! säd' Jann, dôr härr em'n Hund in't holten Bên bäten. (Oldenbg.)
791. Dat wêr noch nich ganz miss, see Jann, as he sin Moor 't ên Ôg' ût smäten hadde. (Ostfr. — Vergl. 947. 963.)
792. Wat ik will, dat will ik! säd' Jann un bröd' de Botter up de Tangn.
793. Ik will mâken, dat ik davon kâm, härr Jann segt, dôr hüng he sik op. (Oldenbg.)
794. Jö! sei Jann, do fiel Trinn op de Fott. (Meurs.)
795. Dar geit't hen, sä mall Jann, do hadd he sîn Moor vör de Ploeg. (Ostfriesl. K. & W. Vergl. 890.)
796. De 't dôn kann, see malle Jann, de gêw mî 'n sülwern Ôrtje. (Ostfr.)
797. De nich dôw is, môt völ hören, hadde malle Jann segt. (Ostfr. — Vergl. 287. 647. 785. 1723.)
798. Erst anstêken (upsticken), see Jann, as he nâ de Galge sull. (Ostfr. —?)

---

790. Dat hest drâpen, säd' de Krœpel, as em u. s. w. (Mecklenbg. Hamburg.)
792. Ebenso in Ostfriesland vom Bauern gesagt.

799. Oess doch wat, segt de Jant, schött nâ 'm Häfke on trefft e Mûs. (Preussen. Frischbier. Vergl. 1577.)
800. Meines Vaters gelbe Groschen werden mich schon zur rechten Zeit weiss waschen, hat Jene gesagt, hat richtig noch Einen gekriegt. (Werra.)
801. Man soll mîr aber den Kittel lassen, sagte Jener zum Henker, die Nächte sind kalt. (Sutor. — Wander.)
802. Oeck seh ga nich hen, seggt Jenner on sitt ga nich weg. (Preussen. Frischbier.)
803. Unter zwei Uebeln muss man das kleinste wählen, sagte Jener mit seiner kleinen Frau.
804. Das lass ich, sagt' Jener, do man jn wollt' ewig gefangen setzen oder verweisen. (Neander.)
805. Es ist Stall wie Vieh, sagt Jener, fand ein Floh im Hindern. (Neander. Vergl. 1764.)
806. Ich meine, ich richt' ein Gelächter an, sagt' Jener, ich fiel mit dem Essen zur Thür hinein. (Neander. Vergl. 257. 1443.)
807. Ich habe Sorge, das breite Ende sei noch dahinten, sagt' Jener, stiess man jm eine Schaufel in die Arskerbe. (Neander. Vergl. 528.)
808. Ich bin auch unter Leuten gewesen, sagt' Jener, do er unter der Spende schier erdruckt war. (Neander. — ?)
809. Ländlich, sittlich, sagt' Jener, ass Semmel und Milch mit der Ofengabel. (Neander.)
810. Wer nuscht heft, kann nuscht verlêren, säd' Jenner on versôp dat letzte Dittken. (Ostpr. Frischbier.)

811. Wo Wasser ist, da ist auch Wind, sagte Jener, schlug sein Wasser ab und liess einen streichen. (? Vergl. 1029.)
812. Nun bin ick dennoch ungerauft davon gekommen, sagt' Jener, schlug man jm ein Aug' aus. (Neander.)
813. Heraus mit, was nit drinn bleiben mag, sagte Jener und liess einen streichen. (Franken. Vergl. 105.)
814. Et mehrt sök, segt Jenner, on kregt êne Ohrfîg' nau de anner. (Preussen. Frischbier. Vergl. 142. 951.)
815. 's ist ein Ei und ein Kuchen, sagt Jener, hielt es mit Mutter und Tochter. (Vergl. 334.)
816. Lust hin, Lust her! sagte Jener, da er ohne Dank sollt' lustig sein.
817. Man kann sich nicht zu weit befreunden, sagte Jener, als er merkte, dass der Bischof sein Schwager worden. (Agricola.)
818. Ich strafe mein Weib nur mit guten Worten! sagte Jener, da warf er der Frau die Bibel an den Kopf. (Vergl. 839. Neander.)
819. Ei ist Ei! sagte Jener und nahm das grösste. (Vergl. 1404.)
820. Uebung bringt Kunst! sagte Jener und warf 'n alt Weib zum Fenster hinaus, dass es sollt' fliegen lernen. (Vergl. 1376.)

---

820. Usus facit artem etc. (Neander.)

821. Man muss die Zeit nehmen, wie sie kommt! sagte Jener und ging zur Weihnacht in die Haselnüsse. (Neander.)
822. Ni pater esses! sagte Jener zum Abt. (Eiselein n. Fischart.)
823. Spass muss sein, sagte Jener und schlug dem andern die Augen aus.
824. Ei das geht lausig zu! sagte Jener, da hängte man ihn. (Schon bei Neander.)
825. Dôr bün ik üm! segt Jener, as Tôms üm sînen Hamel.
826. Wi willn't Enn' lâwen! segt Jennerên. (Holstein.)
827. Ihch wâr mei Bett finden, sagte der besoffene Jeremies, als er aus der Schenke kam, da ging er in den Schweinstall. (? — Wander.)
828. Das is a guder Bissen, sagte Jeremies, da ass er Frösche für Grossvögel. (? — Wander.)
829. Kost't ôk Geld? segt Ihlenfeld. (Mecklenburg. — Vergl. 283. 840. etc.)
830. Gottlov de dôrmit nix to dôn hett! segt Antje Jikjak, as se das ganze Dörp tohôp lâgen härr. (Vergl. 965.)
831. Reisend Lüd' möt man nich uphollen, säd' de Inspecter tô'n Knecht, de von em wull, un smêt'n ût de Döer. (Hambg.)

---

830. Ebenso: säd' de oll Frû, as se dat ganze Dörp tôhôp bröcht härr.

832. Doa heb ik uetbackt, doa derf ik nich öfta koamen, säd Jochen, wenn a sich met de Lüed vatöant had. (Ukerm. Engelien.)
833. Unnerdess dat de Hund schitt, segt Johann Jochen, is de Hås' lang' to Busch. (Vergl. 498.)
834. Helpt nuscht, ôk schad't nuscht, säd' Jochem, as he bîm Bälgetreten ein Furz lêt. (Danzig.)
835. Ik wêt wat ik wêt, säd' Jochim, do hadde he in de Büxen schäten. (Flensbg.)
836. Schön Dank! segt Johann un steckt de Näs in de Kann. (Mecklenbg.)
837. Was Gott thut, das ist wohlgethan, sang der lustige Johann, was giht doas weiter en andern oan. (Schlesien. Wander.)
838. Kümmt do wat? säd' de blind' Johann, sünst binn' ik mîn Pös' tô. (Holst.)
839. Ich tröste meine Frau mit Gottes Wort, sagte Johannes und warf sie mit der Bibel an den Kopf. (Vergl. 818.)
840. Prost! segt Jost und steckt de Näs' in'n Krôs. (Vgl. 283. 829. etc.)
841. Prost, segt Jost, do krêg he sîn Frû bi de Juchhei. (Holstein.)
842. Richtig! säd' Ising, slög'n Pund Botter von 'n Disch, mênt, dat wier de Katt.
843. Kik, wo witzig, segt Itzig. (Pommern. Wander.)

844. Nu! sagt der Jud, wenn er nex mehr z'schwätze weiss. (Neresheim.)
845. Alles soll man dem Nächsten wünschen, sagt der Jud, nur keinen bösen Nachbar. (Schwaben. — ?)
846. Die Woche fängt gut an, sagte der Jude, da sollt' er am Montag gehängt werden.
847. Wunderschain! segt de Jud. (Mecklenbg.)
848. Das Wasser ist nicht gebälkt! sagt der Jude.
849. Under'n Îse sind kene Balken, segt de Jude. (Schambach.)
850. Au weh, gewonnen! hat der Jud' g'sagt. (Franken. S. Hebels Schatzkästlein.)
851. Gram wider Gram! sprach der Jud', da ihn die Teufel gingen an. (Henisch.)
852. Wenn man den Wurm tritt, so krümmt er sich, sagt der Jüd. (Franken.)
853. Waraftig! segt de Jud', denn lügt he am düllsten. (Mecklenbg. Vergl. 671.)
854. Ik maut nên Kalf, sied de Jude. (Mark. Woeste.)
855. Der Reiche ist klug, sagt der Jude. (Preussen. Frischbier.)
856. Ehrlich währt am längsten, sagt der Jude und beschneidet Dukaten. (Preussen. Frischbier.)
857. Schlechte Masematte! sagt der Jüd'. (Hundsrück.)

---

848. Dat Water hett kên' Balken, segt de Jud'.

858. Mîn Hêren dat Geld un ik de Slâge, see de Jöde. (Ostfr. — ?)
859. I wollt', i wär dahâm, sagte der Jude, als man ihn henkte. (Schwaben.)
860. Jerst Näsen, denn Brillen! segt Jung. (Mecklenb.)
861. Schâper Lulei stinket wî 'n fûl Ei, singet de Jungens. (Hildesh.)
862. Dat is 'n Hund von'n Pierd! see de Jung, do rêd' he up'n Katt. (Ostfr.)
863. Elk deit wat! see de Jung, mîn Vaar sleit mîn Moor, mîn Moor sleit mi un ik slâ dat Bigg. (Ostfr.)
864. Wat ik sên hew, kann ik segg'n, säd' de Jung, æwerst de Kalwer kâmen ût'n Nôrs.
865. Dat 's 'n Leben! säd' de Jung, dôr bêt de Hund 'n Voss dôd. (Vergl. 1463.)
866. Moor, wat is de Welt grôt! see de Jung, do quêm he achter de Kohltûn. (Ostfr.)
867. Ach Gott wat is de Welt grôt! säd' de Jung un sêt achter'n Kohlkopp. (Holst.)
868. Düwel achter Düwel, wenn de ên weggeit, kummt de anner wedder, säd' de Jung, as de Sünn dâl un de Mân upging. (Hamburg. — Vergl. 728.)

---

862. — — un rêd' up'n Segnbuck. Mecklenbg.)
866. Vader, wat iz de Welt so grôt, sä' de Jung, az he innen anner Loch kêm. (Jever.)

869. Dat schall wol gân, säd' de Jung, as he 't Kalv nâ de Stadt drêgen schull. (Hamburg. Vergl. 1546.)
870. Wo hett di denn de Deuwel? harr de Jung segt, künn 'n Abendsêgen nich finnen. (Mecklenburg. Vergl. 196.)
871. Wenn ik 't nû dân härr? säd' de Jung, as 't Rothkehlken in de Schöttel schäten härr. (Mecklenburg. Vergl. 960.)
872. Dat geit, dat't stufft! sä de Jung, rêd' he up'n Swîn. (Ostfr.)
873. Dat stuft'r awer döer! sä de Jung, do jôg he 'n olt Swîn döer de Ask. (Oldenbg.)
874. Dat geit, dat't stufft, sä de Jung, dô rêd he up'n Katt aver de Plât. (Ostfr. K. & W.)
875. Dat geit alltîd œwer de Framen her, sä de Jung, êrst œwer mîn Vader un denn œwer uns' nîtel Bull. (Ostfr.)
876. Dat find't sick bî't Ûtputzen, sä de Jung, harr achter de Döer schäten. (Ostfr.)

---

869. Ik lât em gân, säd' de oll Frû un süll dat Kalv drêgen. — Dat lât ik gân, sä de Slachterjung un set't dat Kalv dâl. (Dithmarschen. Wander.)
871. Dat harr ik mal dôn schullt! säd' de Jung, dô schêt ên Schwulk in de Soppe. (Eichwald.)
872. Das geht, dass es schnauft, sagte der Bauer und ritt auf der Sau.

877. Dat ligt bûten mîn Verstand, sä de Jung, as drê-mal dartein. (Ostfr.)
878. Wo kam'k mit'n Deuwel an! säd' de Jung, harr sick mit sîn Môder slân. (Mecklenbg.)
879. Wullt mal 'n moi Portrai sên? säd' de Jung, do lêt he sînen Vader in'n Spêgel kîken. (Ostfr.)
880. Ik bün van hoge Avkunft, sä de Jung, mîn Vader hett op'n Bœn wânt. (Ostfr. Vergl. 190. 1807.)
881. Dat is mî nich üm de Knickers, sä de Jung, man üm de Gerechtigkeit van 't Spill. (Ostfr.)
882. He is êgensinnig as de Kalwer van Utters, sä de Jung, de lêpen drê Dâg' lîk ût. (Ostfr. 87.)
883. Schît is Schît, sä de Jung, do lêg' he in'r Grôp. (Oldenbg.)
884. Lât den Snîder rîten, sä de Jung, do rêd' he up'n oll Koh. (Oldenburg.)
885. Elkên sin Mœg', sä de Jung, Vâder, êt du Kohl, ik êt Speck. (Oldenbg. Vergl. 197.)
886. Hullala, hadde jenne Junge sägt, van Dage ätt mîn Va Wost, do kriege ek auk de Hût. (Waldeck. — Wander.)
887. Gefunnen! sagte de Junge, doa fund he sîne Maoüme am Galgen. (Büren. Wander. Vrgl. 1782.)

---

886. Juch, hadde de Junge segt, vandage ietet mîn Vader Woerst, dann sûp ik de Hût. (Ostfr. — Wander. — ?)

888. Den Schelm is nich to trûgen, säd' de Jung to sînen Vatter, hett den Stock hinner'n Rüggen. (Mecklenburg. — Vergl. 955.)
889. Na nû sê 'k 'n Düwel, säd' de Jung, dôr hârr'n 's em 't Ôg' ûtslân.
890. Dâr geit't hen, see de Junge, dô lêt he'n Lûs dansen. (Ostfr. 795.)
891. Dat is ne 'mall Brügg, see de Junge, under Botter un boven Botter. (Ostfr.)
892. Dat sall mî nich weer gebören, had de Junge segt, dat mîn Moor stârwt un ik der nich bî bün. (Ostfr.)
893. De dreit um'n Bolt, see de Junge, dô hadde he de Dûm in sîn Môders Brûtschatt. (Ostfr.)
894. Hett de Düwel all sîn Dâg' so krumm Brôd sên! see de Junge, dô êt he Kringels. (Ostfr.)
895. Lüst kost Geld, see de Junge, hadde 'n Ôrtje verdanst. (Ostfr.)
896. Jiver (Jever) is'n Sluckhals, harr de Jung segt, dô harr he drê Oerzk vertärt. (Jever.)
897. Man kann nich wêten, wâr de Âl löpt, see de Junge, dô hadde he de Fûke in't Wagenspôr (Schörstên, Gœtegat) sett't. (Ostfr. — Vergl. 354.)
898. Es ist nichts in der Welt, sagte jener Junge, im Sommer donnerts und im Winter muss man in die Schule. (Havelland. Engelien.)

---

896. Bremen is'n Sluckhals etc. (Oldenbg.)

899. 't geht nargens maller her, see de Junge, as in de Welt un in mîn êgen Vaars un Moors Hûse. (Ostfr.)

900. Môder, segt de Jung, sast mal sên, wat uns Swîn vör'n swarten Kater mank de Bên hett. (Mecklenbg.)

901. Môder, Môder, ik hef't all tô wat bröcht! reip de Junge, dun hadde he Lüse. (Hinter-Pommern. — Vergl. 1198. 1351.)

902. Ik denk Hökersnöker to werden, œwer de Döer to kiken un ût 'ne lange Pip tô smöken, sagte der Junge, als man ihn fragte, was er werden wollte. (Wander.)

903. Gottes Wort ist der Armen Hort, sagte der Junge und stahl eine Bibel. (Wander. — ?)

904. Da 's 'n Muskant! säd' de Jung, blös up'n Sægenstütz. (Hambg. — Vergl. 42. 1775. 1792.)

905. Fett swemmt bâwen, säd' de Jung, dar schêt he in de Bottermelk. (Hambg.)

906. Wi gât in de Bädschôl, säd' de Jung, dar sêt he in'n Paster sîn'n Aeppelbôm. (Hambg.)

907. Härr ik dî, wo wull ik dî, säd' de Jung, schust glöwen, Ostern un Pingsten wîer up ênen Dag. (Hambg.)

---

899. Dat geit nargens so arg her as in de Welt, sä de oll Frû. — In Vollerwiek doch noch arger, sä de lütt Diern. (Handelmann.)

908. Môder kann swemmen, säd' de Jung, dar wier se versâpen. (Hambg.)
909. Man ümmer vergnögt sin! säd' de Jung un lûst sînen Hund. (Mecklenbg.)
910. 't Lest is't Best, hadde de Junge segt, dô hadde he 't Brannsel ût de Pott fräten. (Ostfr.)
911. 't sügt der dick ût, hadde de Jung segt, dô hadde he sîn Moor in de Nêrs kêken. (Ostfr.)
912. O wanne, Grôtmôder, wat hett dî de Katt kleigt! säd' de Jung, da harr he de Olsch unner'n Rock kêken. (Mecklenbg.)
913. Wâr Rôk is, is ôk Füer, hadde de Junge segt, as he 'n frisken Pêrdekœtel upnemen sull. (Ostfr. — Vergl. 593. 1017.)
914. Dat 's 'n wâr Mallör, säd' de Jung, do fullt he in d' Jiergrüpp. (Oldenbg.)
915. Prost Maltîd! säd' de Jung, dôn wîer dôr nix mîer. (Vergl. 1465. 1519.)
916. So Môder, säd' jenn Jung, nû hew 'k 't Lîw vull Kartüffeln, willn wi uns nû mal fâten? (Mecklenburg.)
917. De Oalle maut füär ghon, sach de Junge, doa stödd'e sîn Vader de Trappe af. (Grafsch. Mark. Wander. — Vergl. 427. 1750.)

---

917. De Ollen gân vör, säd' de Jung, stött sînen Vâder ût de Lûk. (Mecklenbg.)

918. Säu moch et kuemen, wan ik Biuer wären soll, sach de Junge, do was sîn Vâr düär't Balkenhuol stüärted. (Mark. Woeste.)
919. Bat nit kost, dat dough ôk nit, sach de Junge, do soll 'ne sîn Vâr taun drüddenmoale vam Galgen los koupen. (Mark. Woeste.)
920. Bô mîn Vâr niks krid, do es ôk niks, har de Junge saght. (Mark. Woeste.)
921. Unse Heärghuad harre mînem Vâr glückelk düâr de Märte holpen, do hualere 'ne de Döüwel noch im April, harr de Junge saght. (Mark. Woeste.)
922. Ik was nit bange, hadde de Junge sagt, man ik wôr bange. (Westfalen. — Wander.)
923. Bêter is bêter, sä jener Jung un streu Zucker op Syrup. (Dithmarschen. Wander.)
924. Ma maut alles iäten lären, sach de Junge, do smiärd 'e sick Bueter oppen Pannkauken. (Mark. Woeste.)
925. 't Beste hâlt de Duiwel immer teiärst, sach de Junge, gistern usen Sgimmel, vandage mîn Mäuer. (Grafsch. Mark. Wander.)
926. Ik will nich blîwe un mîn Herr will mî nich behôle, mi schall mal verlange, wa dat aflöpt, sä jener Junge. (Dithmarschen. Wander.)
927. Mei Bruder hot nischt krigt, sagte der Junge, als er aus der Kirmes kam, awer ich hätte bâl woas krigt. (Schlesien. Wander.)

928. Ik denk et mîne derbî, sagte Goldschmids Junge. (Iserlohn. Wander.)
929. Dat sünd man Knüst, segt de Jung un schnitt't Brôd midden dörch. (Mecklenbg.)
930. O wär' ik nit in der Frömde! harr de Junge saght, doa harr' e im Düwensguate huaken. (Grafsch. Mark. Wander.)
931. Wat 'n Haken wâr'n sall, bögt sich bî Tîden! säd' den Spitzbowen sîn Jung, dôr stôl he sînen Vader de Büx von'n Lîw'.
932. All as't fallt', säd' de Jung, as de oll Frû mit 'n Näs'drüppel an de Näs' em frog, op he'n Pannkôken hebben wull. (Holst. — Vergl. 449.)
933. Elk sîn Mœge, säd' de Jung, do êt he Fîgen. (Oldenb. — Vergl. 197. 1758.)
934. Dat wêr de Düwel! säd' de Jung, dô sêg he 'n swarten Hund. (Holst.)

---

928. I denk' mei Thoil, sait's Goldschmieds Jung'. (Schwaben.)
932. All as't fallt', säd' Ûlenspêgel, as de ole Frû Grütt kâkt un he mit êten schull, do harr se'n Näsdrüppel. (Holstein.)
933. Oder auch: see de Jung (Bûr), ik ête (lüst') Fîgen. (Ostfr.)

935. Wacht man wacht, segt jen Jung, ons' Koh ward ôk starwe, dann war öck june Hund ôk davon wegjage. (Preussen. Frischbier.)
936. Jiä Möppelken dadâ, sied Biätermanns Junge te Kalle. (Mark. Woeste.)
937. De Mând frît all'ns, säd' de Jung, do schêt he op't Deck. (Holst.)
938. Lât't' man lôpen! säd' de lütt Jung un pisst in't Säw. (Holst. — Vergl. 23. 1163.)
939. Dat wêr wat rîklich hoch! säd' de Jung, do hǎrr he in de Kamsoltasch schäten. (Holst. — Vergl. 25.)
940. Nu noch ês un denn nich mîer un süll't ôk dull nâ söt smecken! säd' de Jung un lickt dat Letzt' ût 'n Syropspott.
941. All mîn êgen, segt de Jung, hett twê Pietschen. (Holstein.)
942. Töw, di Schô wän mi oek passig wän, säd ens en klên Jung to en Grotknecht, as de em schloen had. (Ukermark. Engelien.)
943. Vêl Köpp vêl Sinn! säd' de Jung, dôr smêt he 'n Wagen mit Kohlköpp üm. (Vergl. 1049.)
944. Dat ward doch noch wûr sîn! säd' de Jung, achter is ôk noch 'n Loch.
945. All to mînen Besten! säd' de Jung, dôr slögen se em den Stock up'n Puckel entwei.

---

938. Lât man lôpen, segt Lütj' un pisst in't Säw'.

946. Dat was de Düwel, dat ik stöl, säd' de Jung, sünst härr ik wol Harbârg' krêgen. (Aehnl. Flensburg.)
947. Drâpen! säd' de Jung, dôr smêt he sîn' Môder 'n Ôg ût. (Ebenso hochdeutsch. — Vergl. 791. 963.)
948. Dat trüff in, säd' de Jung, un smitt den Ganten dat Ôg ût. (Pommern.)
949. Alles mit Bedacht! sagte der Junge und kämmte seine Mutter mit der Harke.
950. Dat gêt nich anners! segt de Jung un fidelt up'n Stock. (Vergl. 746.)
951. Dat sammelt sich! säd' de Jung, krêg up de Däl' 'n pôr Ûrfîgen un vör de Döer 'n Dracht Släg'. (Vergl. 142. 814.)
952. De Düwel wêt, wat Hexen sünd, segt de Jung, rôd' Ôgen hebb'n's all. (Holstein.)
953. Hexen sünd't, segt de Jung, se hebben rôd' Ôgen; dôr sêg he Kanickels. (Pommern.)
954. Dôr stêt he! säd' de Jung un kackt vör sînen Vader up'n Disch.
955. De Sâk is nich to trûgen! säd' de Jung, Vader, legg îerst den Stock dâl. (Vergl. 888.)

---

951. Dat bringt nich, man dat sammelt doch, säd' de Jung, dôr harr he in de Kœk ên Ûrfîge krêgen un up de Däl' wedder êne. (Eichwald.)

956. Wi künnen as Bröder mit'n anner leben, säd' de Jung tô sînen Vâder, æwerst he will jô nich. (Mecklenburg.)
957. Wo is't mœglich, dat de Hund in de Koppel kümmt, säd' de Jung, de Tûn is hêl un dat Räk is vör! (Vergl. 225.)
958. Help Gott! säd' de Jung, dôr haugt he up de Pier, dat de Damp ut'n Nôrs stôw'. (Oldenbg.)
959. Gotts Wûrt in vull Fluchten! säd' de Jung, dôr härr he'n Kat'chismus an de Swäp'. (Auch Oldenb.)
960. Is all's gôd wat Gott giwt, æwer wat Môder giwt is bêter! säd' de Jung, dôr schêt em 'ne Krei up't Botterbrôd. (Auch Oldenbg. — Vergl. 871.)
961. Mîn Moor es 'ne arme Frau, awwer se kuoket 'et Maus duoch gâr, sach de Jung, da at he Silat. (Woeste.)
962. Kümmt all Dag' wat nîgs up! säd' de Jung, dôr süll he bäden gân.
963. 't is nich ganz miss! säd' de Jung, smêt na'n Hund un râpt sîn Stêfmôder. (Oldenburg. — Vergl. 791. 947. 1664. etc.)
964. Wat dôr wesen möt, möt wesen! säd' de Jung, dôr köft he sich 'ne Mûltrummel. (Vergl. 301. 352.)
965. 't is gôd, wer dôrmit nix tô dôn hett, säd' de Jung, dôr bêten sich twê Kreigen. (Oldenb. — Vrgl. 830.)
966. Use Hiärghuod wäit alles, ower mîn Fuegelnest wäit 'e nit, dat sitted im Doarnbuske, sach de Junge. (Mark. Woeste.)

967. Doa fuhr's 'raus, sagte der Junge, als er erzählte, wo das Vogelnest war. (Hirschberg. — Wander.)
968. Wenn 'k den Vagel härr un denn noch ênen, denn wieren't all twê, segt de Jung. (Holstein.)
969. Wat wi nüdlich sind, wenn wi jung sünd! säd' de Jung un fôdert de Fârken.
970. Na nu schitt't Pierd in vull'n Lôpen! säd' de Jung, Grossmôder is dôd un de Koh hett de Klâp' verloren.
971. Dat smeckt! säd' de Jung, dôr krêg he den Knüppel up'n Kopp.
972. Wat's nu vör Nôt vör Botter! säd' de Jung, Môder, uns' Koh hett bullt.
973. Dat passt! säd' de Jung, as Snodder up de Mau.
974. Mit 'n Deuwel will 'k insegent wâr'n, Herr Paster! säd' de Jung.
975. Jung, säd de Jung, dat Jung dem Junge segt, dat de Jung de Schwîn ûtjeggt. (Prss. Frischbier.)
976. Dat will'k bestellen! säd' de Jung, wenn de Frû kên' Eiger hett, sall se't Nest brâden.
977. Knapp is't man! segt Jungken. (Mecklenbg.)
978. Ich bin die Erste nit und werd' die Letzte auch nit sein, hat die Jungfer g'sagt und ist mit doppeltem Stutzen heimkommen. (Franken.)
979. Meine Ehre geht mir über alles, sagte die Jungfrau, die band sie an einen seidenen Faden (beim Kuhschwanz am Hurentanz). (Fischart.)

980. Tau den Koffe hett Simson dat Wâter edrâgen un Lazarus de Bohnen ebrocht, segt de Junghansche. (Hildesheim.)
981. Sau Einen krigt 'n tau, sä' de Junghansche, da solle se en lütchen scheiben Snîder frien. (Hildesh. — Vergl. 1232.)
982. Allbot helpt, see Jürgen, dô nêm he noch ên. (Ostfr. — ?)
983. Dat ging an! säd' dumm Jürgen, 'n Schilling un 'ne Snäd' Brod!

K.

984. Lüchting, härrst mî dôt smäten un kêmst 'ranner un ik lêwt denn noch, denn slög' ik dî de Knâken entwei, segt Johann Kähler.
985. Nicht (um) ein Haar, sagt der Kahlkopf. (Simrok.)
986. Wî sünd Gott man ên Dôd schuldig, segt Kain, do erslôg he sîn Broër Abel. (? — Wander.)
987. Wat gut geit, deit de Bûer sülwenst, segt se in'n Kalenbergschen. (Hildesh.)
988. Ein nâ 'n andern frett de Bûer de Wost, segt se in'n Kalenbergschen. (Hildesh.)
988a. Etwas gelinner, sghruiwed de Kalänner. (Mark. Woeste.)
989. 's ist nett, sagt der Kaminfeger von Dornstetten. (Schwaben.)

990. Da hett seck 'ne Âpe lûset! segt de ôle Kampicksche, as êr dat Geld stôlen was. (Hildesh.)
991. Süh, süh, segt Kanitz, wo he sick verstellt, süpt doch süst so giern. (Mecklenbg. — ?)
992. Jungens, pârt jo, hadde de Kanter segt, do hadde he drê. (Ostfr. — Vergl. 138. 220. 1115.)
993. Abgemacht! segt Kapler, abgemacht! (Lünebg.)
994. Weg bist de, segt Kaselitz, da lebe noch. (Halberst. Quedlinburg.)
995. 'n Kierl as ik! segt Kasten, frät Hawern un schîet Gasten. (Vergl. 118.)
996. Dat's fehlt! säd' Johann Niclas' sîn Kater, dôr härr he mênt, dat he up de Katt sêt un he sêt up'n Törfsôd. (Holst. — Vergl. 31. 687.)
997. Spass muss sein, sagte der Kater und nahm die Eichkatz vor. (Preussen. Frischbier.)
998. Bratwürste sind ungesund, sprach die Katze zu dem Hund. (Sutor. Vergl. 1651.)
999. Holt't Mûl, segt de Katt tô'n Bratfisch. (Danzig.)
1000. Ûle, du schast wetten, Missgunst Brod is gêren getten, segt de Katte un frat de Mûs. (Hildesh.)
1001. Mit meiner Kunst kommt man am besten fort, sagte die Katze zum Fuchs. (? — Sailer.)

---

992. Schelmen, paart euch! sagte jener Schulmeister zu seinen drei Buben. (Spörer, Kirchweihpredigt.)

1002. Kiek! sä' de **Katt**, keik se in den Pott, kreig se ennen met den Schleuf up den Kopp. (Lippe.)
1003. Bêter gewiss as ungewiss! säd' de **Katt**, stêg in't Emmer un söp de Melk ût. (Auch Wetsfal.)
1004. Ich sitze gut! sagte die **Katze**, da sass sie auf dem Speck. (Ebenso plattdeutsch. — Neander. Vergl. 1294.)
1005. Vexatio dat intellectum, sagte die **Katze** und sass auf dem Speck.
1006. Twei muntre Dinger frêtet gut, segt de **Kêgeljunge**. (Hildesh.)
1007. Wêge bist du, Fritze, segt de **Kegeljunge**. (Hildesheim.)
1008. All teign! rêp de **Kegeljung**, do harr'n s' em't Bên avsmeten un he lêg mang de Kegeln. (Holstein.)
1009. Bring' en 'rei, dass mer'n verbind', sagt der **Kegler**. (Schwaben.)
1010. Dui, wenn s' g'schnitta hätt'! sagt der **Kegler**. (Schwaben.)
1011. Dia, wenn 's g'packt hätt'! sagt der **Kegler**. (Schwaben.)

1004. Ich sitze gut, sagte die **Katze**, als sie auf der grossen Wurst sass. (Werra.) — Ik sitte hi noch ghued, har de **Katte** saght, do har se in der Käsehourd huaken. (Mark. Woeste.)

Wie d. Volk spricht. 6te Aufl.

1012. Brätst du mir die Wurst, lösch ich dir den Durst! sagt der Kellner zum Koch.

1013. Kên Stiernken tô sên, säd' de Kierl un pisst in't Schapp.

1014. Sanft, es dat ôk Sîde? hadde im Winkel 'n Kärl saght, de siner Frau en pâr Huasen kupen woll. (Mark. Woeste.)

1015. Dat geit nich, hadd de Kêrl segt, hadd krâpen. (Ostfr. Wander.)

1016. Ett get nitt dervüör, we't dauen kann, hadde de Kärl sacht, da was he met der sanftnen Bükse intem Hamer gân. (Woeste.)

1017. Wo Rôk is, môt ôk Füer wên, harr de Kêrl segt, do wull he bî 'n warmen Pierschät ansticken. (Ostfr. Vergl. 913.)

1018. Dâr fallt wat, sä de Kêrl, do smêt he sîn Frû ût't Berr. (Ostfr.)

1019. Bai mi nit anseihen wel, dei kike derniäwen, sach de fluderige (zerlumpte) Kärl. (Grafsch. Mark. Wander.)

1020. Wann dat nitt batt vör de Wantlüse, dann wêt ik nitt, bat biäter es, sach de Kärl un stak sîn Hûs an. (Woeste. — Vergl. 230.)

1021. Mannshant buowen, hä ligge unner adder uowen, hadde de Kärl sacht, as sin Wîf 'n unner krech. (Woeste.)

1022. Mannshand bâwen! see de Kêrel, dô hadde he sîn Wîw in de Gœte. (Ostfr.)

1023. Ik môt Hülpe hebben, see de Kêrel, hâl Jannever. (Ostfr. Vergl. 45.)

1024. Darten Nêrs, darten Nêrs, hadde de Kêrel segt, hadde 't Kalv bî de Stêrt uphulpen. (Ostfr.)

1025. Erst dat Nödigste, see de Kêrel, dô prügelt he sîn Wîw dör. (Ostfr. — Vergl. 205.)

1026. All mit Mâte, see de Kêrel, dô slôg he sîn Wîw mit de Ellstock dör. (Ostfr. — Vergl. 1587. 1641.)

1027. Dä dat kann, dä kann dat, har de Kärl saght, do harre 'n Snîder üäwer de Hûsdüar smieten. (Mark. Woeste.)

1028. De ganse Weld es verrücked, har de Kärl saght, do har de Frau den Mann eplücked. (Mark. Woeste.)

1029. Nâ 'n Regen legt sick de Wind, segt jener Kêrl, do mêg he sîn Frû vör'n Ârs. (Hannover. Vergl. 811.)

1030. Dat is lang un smärig, sä de Kêrl, do stohl he Seilgârn un Bregenwust. (Ostfriesland. K. & W. Vergl. 1861.)

1031. Dat is Malligheit, sä de Kêrl, do stohl he sîn Nabers Tobak. (Ostfr. K. & W.)

1032. Dat wêr ên op't nee, see de Kêrel, quam ût de Bicht un stôl 'n Pattstock. (Ostfr.)

1033. Spîse sünder Drank, dat wêt ik de Drummel Dank, had de Kêrel segt. (Ostfr.)

1034. Tôvöl is tôvöl, tô min is tô min, see de Kêrel, 't Wîw drê Kinner un de Mutte man ên Bigg. (Ostfr.)

1035. Weh di du Swarte! segt de swarte Ketel tô'n swarten Grâpen. (Hamburg. — Vergl. 1449.)
1036. Wo blîw ik? segt de Kîwît. (Vergl. 41. 325. 441. 1507. 1524. 1846. 1851.)
1037. Es geht! sagen die Kiebinger. (Wander.)
1038. Jeder such seins gleichen, sagen die Kinder im Spiel. (Fischart. Ehezuchtbüchl.)
1039. Unrecht! segt Klas, dôr tömt he dat Pierd bi'n Swans up.
1040. Dat wîer 'n Tog! segt Klei, twê Poggen un 'n Häkt! (Mecklenbg.)
1041. Uns' Paster hôert! hett Klewnow segt, hett 'n Paster ân' P'rük sên.
1042. Wer Kôren nâ 'r Möhle bringt, môt 't ôk mahlen lâten, segt de Klickemöller. (Hildesh.)
1043. Schistrum quastrum, sagt der Klosterkoch, ist auch Latein. (? — Danzig.)
1044. Jeder Fasttag hat drei Fresstage, sagt der Klosterkoch. (Klostersp. Wander.)
1045. Uet gât nich wisser, säd' de Knecht, meinste, ik hebbe'n Eikebôm im Mârse? (Lünebg.)
1046. Holt still Mäten! säd' de Knecht, du sitzst mi up'n Trillhahn.

1036. Wo blîw ik? sagt der Kibitz; da schneit's und er zog in seine Heimat. (? Altmark.)

1047. Wenn't nich is, denn is't nich, segt de Knecht, denn mâk ik de Klapp wedder tô. (Holstein.)
1048. Dat helpt, sä jenner Knecht, as hê drê Dâg' op ên Fuorwenn mei't har. (Süderdithm. Wander.)
1049. Wîde Köpp wîde Sinn'! säd' de Knecht, as he'n Föör Kumstköppe umme smieten harr. (Westf. — Vergl. 943.)
1050. Dô wat du wist, Düwel! säd' de Knecht, æwerst mîn Sêl krigst du nich! Dôr stök he'n Kopp in den Heuhôpen.
1051. 't is Hemdschörten-Abend, säd' de Knecht, dar böert he de Dêrn den Rock up. (Hambg.)
1052. Un wer nich wîder geit, is mit Dummerjân erökert, sä' de Knecht. (Hildesh.)
1053. Nu hewt de Kutten Pingesten, sä' de Knecht, da dêr'n de Mäkens dat Flass jäten. (? — Hildesh.)
1054. Immer 'rin ins Vergnügen! sagt' Franz Knick und kam nach Naugard. (Naugard. Wander. — Vergl. 713. 1883.)
1055. Klapp! sagte Knütt, da hatte er eine Fliege gefangen.
1056. Wenn de Kauh in'n Kettel schitt, schast du 'ne Wost hebben, segt de Knockenhauer. (Hildesh.)
1057. H'rût! säd' Knût, dôr rêt he sîn Frû dat Zündlok ût. (Holst.)

1049. Väl Köpp, väl Sinnen, sä de Fôrmann u. s. w. (Jever.)

1058. Besser ist besser! sagte Kobesser Steffen, da ging er hinter der Scheuer weg zwischen die Nelken sitzen.
1059. Gott verdübbel mîn Tractement, see de Kock, dô wull he sück verflöken. (Ostfr.)
1060. Mit der Zeit gewöhnen sie sich! sagte die Köchin, als sie den Aalen die Haut abzog. (Vgl. 527. 786.)
1061. Gottlob, sagt Kohlofen, hab' ich auch kein Geld, hab' ich doch ein glatt Weib. (Göttingen. Wander.)
1062. Wupp dich, mein Wachtel, segt de Koll (?), on heft den Häkt bîm Zagel. (Preussen. Frischbier.)
1063. Wer hârtfrätsch is, segt oll König, êt Eierkôken ân' Brod. (Mecklenbg. Vergl. 1684. 1870.)
1064. Wie goht's net, eder wie ka's net gange, sagt der Koppele. (Neresheim.)
1065. Recht thun ist Gott lieb! sagte der Korndieb, hätt i no e Mücke g'no, wär i besser fort cho.
1066. Horch nâ't Enn'! säd' Kotelmann, dôr krêg he fievuntwintig.
1067. Horch nâ't Enn'! segt Kotelmann, morgn krîg'n wi't tô wêten. (Reuter. Stromtied.)
1068. Do goh wui her, see de Kreie, (Krähe), os se de Hawek in den Miule hadde. (Lippe. — Vergl. 342. 638.)

1068. Nu geit de Reis' lôs, sä' de Papegei, do leip de Katt met em tô Bœn.

1069. Et ward all Dâg' slimmer, säd' de Krei, as man den Galgen avbrök. (Hildesh.)
1070. Et es tô lâte, sach de Krügge taum Fuarsche, do har se 'ne packed. (Mark. Woeste. Vergl. 1911.)
1071. Dat es alle plus minus, sied Krämer. (Mark. Woeste.)
1072. Kratzen un Borgen dêt 'ne Tîd lang wol, segt de Krämer.
1073. Heute für's Geld, morgen umsonst, sagt der Krämer. (Werra.)
1074. Ich hoffe nicht, dass unser Herrgott so übel an mir thun werde, sagt' jener Kranke, und ein Mörder an mir werde. (Neander.)
1075. Es kompt, es kompt, sagt' Krause und liess ins Hemd gehen. (Neander.)
1076. Stopp mi de Mütz! segt Kraw'. (?)
1077. Vorwärts wie ich! sagt der Krebs. (Ebenso plattdeutsch. Vergl. 347. 1540.)
1078. Dat flûscht, säd' de Krêvt un schêrt de Pogg de Kutt av. (Mecklenbg.)
1079. Dat is stinkrigen Kêse un smêrige Botter! segt Kreipke. (?)
1080. Îer ik kâm, wârd kên Hocktîd, segt Krêter. (Mecklenbg.)
1081. Schîte! segt Kriethe. (Halberst. Quedlinbg.)

1082. Bauergut hin, Bauergut her, sagte Krietzschfriede, ich kann das Ackern nicht lernen. (Leipzig. Wander.)
1083. Man sacht, segt Krischân, dâr krêg he ên Fûst op't Ôg'. (Hamburg.)
1084. Jungs hebt jümmer dumme Tög in Kopp, segt old Vetter Kröger, da lew' he noch. (Wander.—?—)
1085. So wît wîer'n wi! säd' Kron, dôr lêg he in'n Dîk. (Vergl. 56. 1277.)
1086. Da heft wi dat Spill gân! säd' de Krœpel un full up sîn Lier. (Holst.)
1087. Gun Dag, Frû Lange, segt de Krœt tô'm Strôm. (Schön Dank, Frû Brêde, krêg se to Antwort.) (Preussen. Frischbier.)
1088. Man sacht! segt Förster Kruse, dôn lêwt he noch. (Vergl. 65. 716. etc.)
1089. Dat seg'k mit Se! segt Förster Kruse; dôn lêwt he noch.
1090. Nu kîk, wo tüht de Voss mit de Êgg' tô! segt Förster Kruse.
1091. Dat süll sich schicken! säd' Vatter Kruse un schitt de Hosen vull.
1092. Wer jung is, möt töwen! säd' Vatter Kruse un lêt ênen strîken.
1093. Peu à peu, sagt Kuchenbecker, zu deutsch successive. (Stettin.)

1094. De gustibus non est disputandum! sagte die **Kuh** und leckte die andere im Ars.
1095. Wenn't ganze Dörp lacht, lach ik mit! segt de Niegendörper **Kohhierd'**.
1096. Herren sünd Herren! säd' de **Kohhöder** un slög up'n Swînhöder. (Mecklenbg.)
1097. J tritt a, hot der **Kuhhirt** von Ulm g'sait, wia se 'n hent asetza wölle. (Schwaben.)
1098. Ik leg mînen Dênst dâl, sä de **Kohhêrd**, as he markt, dat se üm wegjag'n wull'n. (Ostfr.)
1099. Doriwer giht nischt, sagte der **Kühjunge**, im Bett liegen un an Quorrkschnite in der Hand. (? — Wander.)
1100. Dat langt nich, segt **Kühl**. (Mecklenbg.)
1101. Teuw Karnallj, wi sünd noch nich ût 'nanner, säd' de **Kuhnhahn** tô de Daumarrik, as se em üm den Schnabel spaddelt. (Mecklenbg.)
1102. En doa, sied **Kuindâl**. (Mark. Woeste.)
1103. Was brauch ich zu beten! sagte **Kunz**, hab ich das Essen doch vom Schloss.
1104. Se falle gôt, segt **Kurowski**. (Prss. Frischbier.)
1105. Strafe muss sein, sagt der **Kürschner** und peitscht die Katze mit einem Strohhalm. (Preuss. Frischbier.)
1106. Worœwer ik kann, dorœwer ik vermag! segt de **Kürschner** un klemmt de Katt. (Hinterpommern.)
1107. Wenn de Hund bellt, kann he nich schîten, säd' de oll **Küselow** tô Wohldörp. (Holst.)

1108. Wenn's auf dem Berge reift, ist's auch im Thal kalt! sagte der Küster von Elberfeld, da heirathete ein alter Mann ein junges Mädchen.
1109. Nu gêt't ût 'n annern Ton! säd' de Köster un floit't dat Evangelium.
1110. Mit gôd Volk is gôd Dôn, säd' de Köster, dar tröck he unse lêwe Frû den Rock ût. (Hambg.)
1111. Speck oder Swînflêsch, säd' de Köster, mi schall't egâl sin. (Flensburg.)
1112. Nun keinen Bissen mehr und wenn ich auch den Dienst nicht kriegte, sagte der Küster in Kleinaw (sc. den der Patron im Essen examinirte). — (Altmark.)
1113. So, segt de Miester Köster, strêk den Schäpel Hopp av. (Altmark.)
1114. Wat Vedder, wat Fründ, segt de Köster, Jung, treck de Büxen of. (Ostfr. K. & W. Vergl. 232. 1627.)
1115. Riegt jo, sä de Köster, do harr he ên Jung vör de Dôde. (Ostfr. K. & W. Vergl. 138. 220. 992.)
1116. Dat lo'k luien, sach de Köster, do was 'me sîn Wîf af'stuorwen. (Mark. Woeste.)
1117. Wenn ihr 'rauf kommen seid, müsst ihr auch wieder hinunter kommen, sagte der Altenceller Küster. (Wander. — ? —)
1118. Ôrt lätt nich van Ôrt, säd' de Stêndörper Köster, as sin Dochter drê Kinner up'n mal krêg; mi gung't îerst just so.

1119. Will'n unsen Esel bî 'n Swans krîgen, säd' de Köster, dar ging he 'rût tô'n Pissen. (Hambg.)
1120. Schêw' Dinger pissen ôk lîk, segt de Köster, möten man dôrnâ hollen wârden. (Hambg.)
1121. Vêl Kinner, vêl Segen, säd' de Köster, as hei den Döpschilling in de Tasch steckt.
1122. Dat sall em ôk noch nich slimm sin, segt de Köster un slaug dem Kinn' 'n Krüz vör'n Nôrs. (Hinterpommern.)
1123. Nu gêt't los! segt de Köster von Hanshagen un sitt den Paster in de P'rück. (Vergl. 314.)
1124. Nâ Belieben! segt de Küster van Ehmen. (Hofmann v. Fallersleben.)
1125. Wenn't Hârt man swârt is, säd' de Köster, dunn drog he 'n rôd' West (beim Begräbniss.) — (Mecklenburg.)
1126. Ümmer ad regas, segt de Köster von Negast. (Mecklenburg.)
1127. Nu floit nâ, säd' de Kutscher, dâr wîern em de Pêr weglôpen. (Hamburg.)
1128. Es ist eine Sau voll, sind sie alle voll, so fahren wir, sagte der Kutscher.

1123. Ebenso: segt de Köster v. H. un schitt sich de blagen Büxen vull. (Vergl. 1317.)

L.

1129. 's erst' (letzt') Tröpfle! sagt der Lammwirth. (Schwaben.)
1130. Der Teufel trau' dem Wetter, sagte der Lammwirth, als er am Sonntag ins Heu fuhr. (Baden. Vergl. 174.)
1131. Wer g'regirt, isch Meister, hed emol de Landvogt g'sait. (Aargau.)
1132. Ball follen! säd' Vader Lang', dôr lêg he all.
1133. Ja wenn wi nich wier'n! säd' de Latern' to'n Mând, dôr ging se ût. (Vergl. 57.)
1134. Lock is Lock, sä Lauenstein, da lag hei bî 'ner Ôlen. (Hildesh. Vergl. 101.)
1135. Hottume, Scheagg! Grötzinga zu! sagen die Lauterthäler und weisen den Blöden den rechten Weg. (Schwaben. Birlinger.)
1136. Davon nach neune, sagt Lehmann, wenn's Militär zu Bett ist. (Berlin.)
1137. Fetig wol wär d'Arbet, aber ett g'rota, sagt der Lehrbub. (Birlinger. So sprechen die Schwaben.)
1138. Meister, d'Arbet ist fertig, sagt der Lehrbub, soll i gleich flicke? (Schwaben. Birlinger. Vergl. 1814.)

1138. Meister, 's G'schäft ist fertig, soll i glei flicka? sagte der Maurersgeselle, als er die Mauer fertig hatte. (Schwaben.)

1139. Ach Gott, ach Gott, segt Leidings Lott', all' Jahr 'n Kind on kein Mann. (Preussen. Frischbier.)
1140. Unferwäuren es am besten, hadde de Lirendraiger 'spield. (Mark. Woeste.)
1141. 't is'n Leiden, segt Lemck, kann sîn Frû in'n Berr nich finden. (Mecklenbg. Vergl. 476.)
1142. Ein Kesselchen oder eine Kasserolle wird Mutter doch noch haben, sagt Pastor Lenz. (Stettin. — Wander. — ?)
1143. Man muss sich nicht zum Liegen begeben, sagen die Lengenfelder, wenn sie krank sind. (Werra.)
1144. Solke, solke! segt Leppert un smêt de Flêge ût de Böckse. (Preussen. Frischbier.)
1145. Fragen sünd frê, man ên nich, is Mamsell noch Jumfer? seggen de Lüd' to Hamborg. (Holstein.)
1146. Sind das Menschen, sagt der Bäcker Liebig zu seinen Schweinen. (Preussen. Frischbier. Vergl. 483. 1286.)
1147. Den kost de Tûm ôk mehr as dat Pêrd, segt Licke. (Hildesheim.)
1148. Schietke, segt ohl Liedtke. (Preussen. Frischbier.)
1149. Spass mot sön, säd' Liedtke, als em sess Backtähne öngeschlage wurde. (Preussen. Frischbier. Vergl. 1778.)
1150. Fingerke mâkt kên Kingerke, sagte die Liese. (Danzig. Vergl. 387.)

1151. Huff! säd' Lietz on fât de Kobbel an't Ohr. (Preussen. Frischbier.)
1152. Wer kann sên! segt Lindemann, dôn lêwt he noch.
1153. Unverworen es am besten, hadde de Lînewiäwer sacht. (Woeste.)
1154. So man hat, sagt die Löfflerin, nehme man. (Schwaben.)
1155. Wat geit meck de Welt an, ek hebbe kein Hûs drin, segt Sâmwel Lohmann. (Hildesheim. Vergl. 1373.)
1156. Wat de Düwel vör Farken mâkt, wenn he up de oll Sæg' sitt! säd' Löw, dôn sêg he'n fînen Herrn.
1157. Wenn't sön kann, segt Lukas. (Preuss. Frischbier.)
1158. Aller Anfang ist leicht, segt de Lumpensammler. (Lüneburg.)
1159. Dat giwt 'n grôt Lock! säd' de Lünk, dô schull he'n Gôsei leggen. (Holst. — Vergl. 293. 351.)
1160. Wer nû noch so künn! segt Luplow. (Mecklenburg. — Vergl. 1251. 1272.)
1161. Wenn ik man erst in'n Wurf kâm, segt Carsten Luth, do smêt he sîn Frû tô'm Finster herût. (Holstein. Vergl. 710.)
1162. Hei schitt un fritt, segt Lütje. (Hildesh.)
1163. Lât lôpen, see Lütje, dô pîsste he in de Brôk. (Ostfr. — Vergl. 23. 938.)

1163. Lat'n lôpen, segt Lüten un pisst sîn Frû up'n Bûk. (Greifswald.)

1164. Ik mag nich œwer Lann' sîn, segt Schoster Lütt un slêt sinen Lierbursen den Pickdrât üm de Ûren. (Mecklenburg.)

M.

1165. Dat's 'n Spass! segt Mâss. (Mecklenbg.)
1166. Dat kümmt noch, segt Rath Maass. (Mecklenbg.)
1167. Ich lass nicht mit mir spassen, sagt Hans Maassen.
1168. Kann ich das Wasser beim obern Brunnen holen, so geh' ich nicht zum untern, sagte das Neunkircher Mädchen.
1169. Mutter, thu' mi ei, es wölle mi all! sagte das Mädchen, als sie auch einmal ein Bursch zum Tanz aufforderte. (Mittelfranken.)
1170. So eins nit Falken hat, muss es mit Eulen baizen, sagte das Zwiefalter Mädchen zum Schmied, der eine alte Frau hatte.
1171. 'Nei mit, hot das Mädle g'sait, mei Mutter schlät mi doch. (Stuttgart.)

1169. Vater sperr mich ein, es wölln mi all, sagte das Mädchen. (Franken.)
1171. Allö derin, mîn Mour släd mik sou, har et Wecht saght. (Mark. Woeste.)

1172. Nu denn! säd' dat Mäten un wull nich ja seggen. (Hannover.)
1173. Immer weiter! sagte das Mädchen, enger wird's nicht. (Danzig. Vergl. 385.)
1174. Noch êne Landhochtîd, onn denn ent ohle Iser, segt dat junge Mäken, as söck noch ömmer kein Frier fund. (Preussen. Frischbier.)
1175. O, lieber no Wein, saget d' Schönberger Mädlen. (Schwaben. Birlinger.)
1176. Et sall wol gân, hadde dat Meaken auk sagt, doa hadd' et 'n Kind kriegen met einem Bên. (Ostfriesl.)
1177. Dat geit ön dissem Lewe nich, säd' dat Mäke on krêg e Kind möt ênem Bên (ohne Bên'). (Preussen. Frischbier. Vergl. 382.)
1178. Vorsicht ist besser als Nachsicht, hat das Mädle g'sagt, hat de Arsch vor em Scheisse putzt. (Schwaben. Vergl. 454.)
1179. Meinet Se, i sei so eine, und wenn i so eine wär', was zahlet Se? sagt das Mädle. (Schwaben. Vergl. 384.)
1180. A Kuss ohn' Bart ist wie a Butterbrod ohn' Salz, saget's Mädle. (Schwaben. — ?)

1176. Gân mott't, wenn et nich will, lât ik 'ne Krücke machen, sagte das Mädchen, da hatte es ein Kind mit nur einem Bein bekommen. (? — Wander.)

1181. D' Hand vom Butter! hat's Mädle g'sait. (Schwb.)
1182. 's kommt koi Unglück alloi, sagt's Mädle, gebar Zwillinge. (Schwaben. — ? Vergl. 381.)
1183. Do hent Se Ihr Thudernex, sagte das Mädle und brachte dem Lieutenant das Kind. (? — Schwaben. Vergl. 259.)
1184. Könne vor Lache, hat's Mädle g'sagt. (Schwaben.)
1185. O gängen's und bleiben's no a Weil! hat's Mädle g'sagt. (Schwaben.)
1186. Pass unte auf, sagte das Mädle zum Buben, der sie küssen wollte. (Schwaben. Vergl. 1420.)
1187. Dernei und dernebe geht viel, sagte das Mädle, da der Bub' auf ihr lag. (Schwaben. Vergl. 377.)
1188. Dös ist auf mi g'spitzt! hat's Mädle g'sait. (Schwaben.)
1189. Mer muass halt halta, wenn mer arm ist, hat's Mädle g'sait. (Schwaben.)
1190. O hairet Se, wem g'hairet Se? hat's Mädle g'sait. (Schwaben.)
1191. Das macht der Katz kein Buckel, hat's Mädle g'sait, hat a Kleins kriegt. (Schwaben.)
1192. Sodele! saget d' Mädle. (Ulm.)
1193. Da kommet zwoi und bringet oin, hat's Mädle g'sait, hat a Floh zwische zwoi Finger g'het. (Schwaben.)
1194. Einmol ist koinmol, hat's Mädle g'sait, hat a Kleins kriegt. (Schwaben.)

1195. Wie gewonnen so zerronnen, sagte das Mädchen, als sie die Jungfernschaft verloren. (? — Danzig.)
1196. Et ward ôk e mal an mîne kame, säd' jen Mäke, an Nabers Liese ehre öss et schon. (Preussen. Frischbier.)
1197. Es ist was Andres, Küssen oder Ohren abschneiden, sagte das Mädchen.
1198. Mutter, säd' jenn Mäten, nu mœgen mi de Mannslüd' all lîden, se hebbn mî mit Dreck smäten. (Mecklenbg. — Vergl. 901.)
1199. Ik kann nich von em blîwen, denn he hett et mî andân! segt dat Mäten.
1200. Höger h'rup! segg'n de Mätens von Wolgast, dat't 'n Jung wârd. (Vergl. 375. 718.)
1201. Alle guten Gebräuche kommen ab! sagte das Mädchen, da hatte der Pastor das Tanzen verboten.
1202. Zwinge mich, so thu' ich keine Sünde, sagte das Mädchen. (Ebenso plattdeutsch.)
1203. Was kann man vor Gottes G'walt, wenn ein der Wind umschmeisst, hat's Mädle g'sait. (Schwaben. Vergl. 395. 404.)
1204. Ich hoa wul schuen a Kind gehobt, oawer a ganz numpern klênes, sagte die Magd zum Pfarrer, als er sie fragte, ob sie noch Jungfrau sei. (Wander — ?)

1200. Ebenso aus der Grafschaft Mark bei Frommann.
1201. Ebenso im Dialekt zu Aachen.

1205. Herr, versurge mich mid am Magister, ich arbte nich garne, betete die faule Magd. (Schlesien. — Wander. — ? —)
1206. Es ist geschehen, sagte das Mädchen, man kann nichts mehr dran verderben.
1207. Alles kommt an den Mann, sagte das Mädchen, nur ich nicht.
1208. Spass möt drêwen wâr'n! säd' dat Mäten, un is't ôk man in'n Berr. (Vergl. 711. 1778.)
1209. Renlichkeit is't halwe Lêwen! säd' dat Mäten, snöw sich de Näs' ût un wascht sich 't Gesicht dôrmit. (Vergl. 224. 401.)
1210. Ik bin wat eigen, Herr Amtsschrîwer, sä' jünt Mäken ôk, Sönndags stâ ik nich gêren an'n Schandpâl. (Lüneburg.)
1211. Wenn alle Kugeln drêpen sollen, möchte de Düwel Zaldate sin, sä' dat Mäken, as et bi'n Knechte lag. (Hildesh.)
1212. Eck schäme meck, sä' dat Mäken, un heil 'n Twêrensfaam ('t Hemd) vor de Ôgen. (Hildesh.)
1213. Bet an't Knî is frî, sä' dat Mäken. (Hildesh.)
1214. Kannst meck hinnen küssen, vorn kann eck't sülwenst, sä' dat Mäken. (Hildesh.)

1214. Gang mer hinte 'rum, hat's Mädle g'sait, vorn kann' i's selber. (Schwaben.)

1215. Wedder ênt, segt jen Mäke on kröggt e Pârke. (Preussen. Frischbier. Vergl. 381.)

1216. Wedder e Trôst, segt det Mäke on fât den Bolle am Biedel. (Preussen. Frischbier. Vergl. 406.)

1217. Ja woll, woll, segt dat Mäke on sponn doch Flass. (Preussen. Frischbier. Vergl. 1828.)

1218. Ih geit denn de Weg dorch Minschen? sä' dat Mäken, da 'r Hans anwolle. (Hildesh.)

1219. Da liegt's! sagte die Magd und schmiss den Brei in den Dreck.

1220. Wenn ich dir zu Willen wär, wie wollten wir die Sau anbinden? sprach die Magd, als der Knecht im Wald seinen Antrag nicht mehr wiederholte. (Vergl. 1368.)

1221. Eile thut nicht gut, sagte die Magd, da brauchte sie sechs Stunden zur Wassersuppe.

1222. Eile thut nicht gut! sagte die Magd und brach ein Bein übern Strohhalm, als sie vier Wochen war ausgewesen zur Kirmess. (Neander.)

1223. Zeit hat Ehre! sagte die Magd, da sie zur Mettenzeit vom Tanz nach Hause ging. (Vergl. 408.)

1224. Alle Hölpe bate, seit et Mätsche, do spannden et den Hahn en de Schövkâr. (Gladbach. — Ficmenich.)

1219. Dâr liggt't, se de Magd, as se den Brê in'n Dreck smêt. (Oldenbg.)

1225. Ach behüte mir Gott die liebe Schande, die Ehr' kostet allzuviel zu erhalten! sagt' jene Magd. (Eutrapol.)

1226. Man muss den alten Pelz nehmen, dass mah einen neuen damit kaufen kann, sagte die junge Magd, heirathete einen alten Mann. (Franken.)

1227. Wenn's doch wahr wäre, sagte jene Magd, so sollt' mich's nicht verdriessen, do man sie mit Freien vexirt. (Neander.)

1228. 's is ne oll's Butter, woas de Kuh gitt, sagte die Magd, als sie in einen Fladen trat. (? — Wander.)

1229. Ich bin hinte (heute) nich wi a Farkel schloafen gegangen, sagte die Magd, 's hött mich a Junggeselle geharzt. (Schlesien.)

1230. Wenn ich amoal an Frau bin, sagte die Magd, doa ass ich olle Tage Klûssel mit gebackna Berna. (Schlesien. Wander. — ?)

1231. Dar brött 'n Abendregen vun, harr de Maid segt, harr nich nâ Melken wullt. (Eichwald.)

1232. All gôd mit, see de Maid, dô krêg se'n Snîder. (Ostfr. — Vergl. 981.)

1233. Ik môt der ên Ende in hebben, see de Maid, all wast't ôk êrst up't leste Aurker Mârkt. (Ostfr.)

1234. Nû giwt't wat tô lachen, see de Maid, dô sêt se tô schreien. (Ostfr. — Vergl. 307.)

1235. 't is miss, see de Maid, dô was 't Hemd verdrei't. (Ostfr. — Vergl. 402.)

1236. Unse Jüffers hebben sück mamsellen lâten, see de Maid. (Ostfr.)
1237. Unse Mamsells sünd gên Jüffers mehr, see de Maid. (Ostfr. — Vergl. 1422.)
1238. Küssen, wo smeckt dat? see de Maid. (Ostfr.)
1239. Ewigkeit is 'n lang Tîd, man Mai kummt mîn Lêwen nich! had de Maid segt, dô se um Mai tra n sull. (Ostfr.)
1240. E klên Kind öss beter wie e Kalf, segt jenne Margell. (Preussen. Frischbier.)
1241. Dat Dicke kömmt toletzt wie Sprindwâter, sagt jene Margell. (Prss. Frischbier.)
1242. De Puckel öss kein Holltopp, sagte jene Margell vor ihrer Hochzeit. (Preussen. Frischbier.)
1243. Dat hett Art, segt Mahrt. (Holstein.)
1244. Rühm dich nicht, Räuplein, sagte der Maikäfer zur Raupe, dein Vater war ein Kohlwurm.
1245. Ôrt lätt nich van Ôrt, harr de Maler segt, do harr'n sîn' Kinner sick in'n Arse kleiet un an de Wand schrêben. (Bremen. Hambg. Vergl. 1615.)
1246. To vêl is tô vêl! säd' de Mann, dôn härr he sîn Frû dôd slân.
1247. In Gottes Namen! sagte der Mann und schlug seine Frau todt. (Vergl. 751.)

1247. Seb. Frank hat: In Gottes Namen schlug der Bûr sinen Knecht zetod.

1248. Ich fürcht' mi nit vor den Krabben, aber vor ihrem G'schrei, hat der Mann g'sagt und sei Frau Meister sein lassen. (Franken.)
1249. Die Riebe ist zum Rettig worden, sagte jener gute Mann von seiner Stiefmutter. (Harberger.)
1250. Krêvtmât un de Düwel, harr jene Mann segt, mi löpt de Lûs all œwer de Lêwer. (Handelmann.)
1251. Ob man nicht vom Schönen isset, reibt man sich doch gern d'ran, hat der alt' Mann g'sagt, da er e jung Frau nahm. (Schwaben. Vergl. 1160. 1272.)
1252. Hör auf mit deim Sega! sagte der Mann, da seine Frau Drillinge geboren. (Schwaben. — ?)
1253. Recht host, aber schweige sollst, hat der Ma zur Frau g'sait. (Schwaben.)
1254. Êne Froge es frigg, hadde jene Mann segt, Frugge, sin ji 'n Deiw? (Lippe. Wander.)
1255. Rîmt 't sich nich, so is't doch wôr, säd' de Mann, dôr krêg he von sîn Frû Släg'.
1256. Zü, wo îlig! segt de oll Mann, as de Koh von Mökow löpt mit 'n Bullen nâ Lassan. (? — Auch ähnl. Flensbg.)
1257. Êgen as Johann Fink! säd' de oll Mann, mügt in'n Mândschin nich allên pinkeln gân.

1254. 'ne Froage is friy, h. j. M. s., Frugge, siy ji 'ne Hexe?

1258. All'ns up de Welt! säd' de oll Mann, æwerst kên Schwansp'rük

1259. Putzen an Kortswîle miötet aw un an driwen weren, harr jene Mann wisse segt, un harr sîne Frûwen met'r Messfuarken kiddelt. (Osnabr.)

1260. Wurst wider Wurst! sagte der dicken Anne Marie ihr Mann, da küsste er des Pfarrers Köchin.

1261. Ich bin Herr! sagte der Mann, da sass er unter dem Tisch. (Vergl. 457. 1573. 1718.)

1262. He is êgen as Hans! säd' de oll Mann, de sull an'n Galgen un wull nich.

1263. Wer dôd is, lätt sîn Kîken wol, säd' de Mann, dôr slög he sîn Frû mit't Waschholt up'n Kopp.

1264. Holt Kutscher! segt de Mann, mîn Frû will mîgn. (Auch Osnabr. und Schwaben.)

1265. Wan de nene krîgen kanns, dan sech, du wöls nene hewen, harre de Mann tau'r Frau saght, dā harre sollen 'ne Maëd maien. (Mark. Woeste.)

1266. En wat ümma ölla, as en Koh un leat all Doeg mea doato, säd jen goed Mann, as a wat leat, wat a noch nich wüst had. (Ukerm. Engelien.)

1261. Ich bin der Herr, hat der Mann gesagt und ist in die Hehnersteige geschloffen. (Oberösterreich. — Wander.)

1267. Et es kainem Sghelme te truggen, hadde de Mann saght, do hadde 'me douen Rüen et Mul tau bunnen. (Mark. Woeste. Vergl. 1532.)

1268. Dai molked mä med einem Strike, hadde de Mann saght, do hadd'e den Ossen mained. (Mark. Woeste. Vergl. 407.)

1269. Ik sê dat kâmen, ik wâr' vör Lachen stârwen, säd' jen' kettlich Mann, as em de Scharprichter den Strick üm'n Hals leggt. (Vergl. 470. u. Var.)

1270. Rinner maut hei, säd' de Mann, un schüll wi all bêd' hüle, de Hochtîd hett all tô vêl kost't. (Hinterpommern. Vergl. 1392.)

1271 De möt noch îerst gebûren wârden, säd' de Mann mit'n Esel, de jeden allens recht mâkt. (Mecklenb.)

1272. Ik wull wol, säd' de oll Mann, ik kann man nich. (Hambg. — Vergl. 1160. 1251.)

1273. Vor'n Abend noch 'n mal, sagt der Mann, vor Pfingsten nicht mehr. (?)

1274. 'rum mit der Zeege! segt der Mann, der Bock will heran. (Kahlenbg.)

1275. Dôr wîer'n wi dörch, säd' de Mann, as de Köster dörch'n Sünndag.

1276. De wat holt, de wat heft, säd' de gôde Mann. (Oldenb.)

1277. Gottlov vör hier! säd' de Mann, dô lêg he in de Torfkûl. (Holst. — Vergl. 56. 1085.)

1278. Frau, lass ihn ein, er ist mir ähnlich, sagte der Mann. (Agricola.)

1279. Ja, da hast recht, hat meiner Mutter ihr Mann gesagt, ist mein Vater gewesen. (Lechrain.)
1280. Do pick! sagte der Mann zum Gokeler, als er ihm den Kopf abgehauen hatte. (Schwaben.)
1281. So lang unser Herrgott nimmt, nimm i au! sagte der Mann, da er das vierte Weib nahm. (Schwaben.)
1282. Man kann sick up kên Minsch mehr verlâten, säd' de Mann, do hadde he in de Büxen schäten. Flensbg. — Vergl. 1301. 1375.)
1283. Lôt sîn wat et ies, et ies dat Geld vör de Kau, sagte der Mann, do bracht he drei Penninge nâ Hûs. (Paderborn.)
1284. 't is gruglik vör de Ôgen, säd' jenn Mann, wenn enen't Rad œwer de Näs' gêt. (Mecklenbg.)
1285. Dreh de, Rosel, 's geit e Liebe! sagte der Mann zu seiner Frau im Bett. (Schwaben. Vergl. 321. 1319.)
1286. Sönd dat Mönsche! segt Marong tô sîne Schwîne, träde möt de kohle Fêt ön e hête Drank. (Preussen. Frischbier. Vergl. 483. 1146.)
1287. Stâ Töt! säd' Mars Licht un danzt mit de Brût. (Holst.)
1288. De kâm' mî mal wedder! segt Maskow, hett nâ 'n Hasen verbî schâten. (Pommern.)

1283. Dôr is dat Geld vör de Koh, sä' de Bûr un bröcht sîn Frû sæwen Penning tô Hûs.

1289. 'n Dübbeltje kann mall rull'n, sä' de Matrose, de tô Amsterdam ên fund un up de Kap ên verloren harr. (Ostfr. Wander.)
1290. Wat schall't ôk ewig hollen, säd' de Mûrmann, da full em die Backâben wedder in. (Holst.)
1291. So, jetzt ist der Taglohn hin, sagte der Maurer, dem sein Werkzeug entfiel. (Schwaben. Birlinger.)
1292. Wenn du nich magst, wat ik bît, segt de Mûs, so frät wat ik schît. (Vergl. 1336.)
1293. Lass mich los oder ich schreie, sagte die Maus zur Katze. (Danzig. — Auch plattd. Jever.)
1294. Et is 'n fett Jahr, sä' de Mûs, da fratt se an'r Specksiën. (Hildesh. Vergl. 1004.)
1295. Hiät Mûs nix, hiät ôk Knûs nix, sach de Mûs, do hadde Knûs nix saiget, üm sine Müse quit te wären. (Woeste. — Vergl. 203. 1020.)
1296. Keine Freud' ohne Leid, sagte die Maus, als sie sah, dass sie in der Falle war. (?)
1297. De Gös' gât allerwarts barfôt, seggen die Mecklenbörger.
1298. Dat haugt anners üm! segt' Mees Muul. (Holst.)
1299. Alls ward vör Geld mâkt, segt Snîder Meier, man kên Jumferschaft. (Hambg.)

1290. Bat es der dann, dat ewich hält, hadde mâl de Mü'ermann sacht, da hadd 'e 'n Backuowen mâket, dä was wi'er inen stüörtet. (Woeste.)

1300. Treck Schau an, segt Meier. (Hildesh.)
1301. Man kann jetzunder den eigenen Aas nich trûen, sä' Josef Meier, da woll hei en Furz lâten un harre sik darbi in de Hose schetten (Hildesh. — Vergl. 1282. 1375.)
1302. Vermuthlich! sagt der krumm Meier von Ulm. (Schwaben.)
1303. Allbot helpt, säd' de Mêsk, un pisst' an'n Strand'.
1304. Man 'rin in'n Hunnenstall, segt Melms, mag Brod dôrin sin oder nich.
1305. Das hat a Hitz! hat's Mensch g'sagt, hat an halbaten Tanz k'riegt. (Oberösterr. Wander.)
1306. Dôr gêt nix œwer de Renlichkeit, sä' dat oll Minsch un kêr Sünnabends êr Hemd üm. (Vergl. 672.)
1307. Ich bin ein fein Kerl, sagt' Merten, ich wische meine Stiefel selber. (Neander.)
1308. Ja wol gerennt und geretten Na ein Lacken mit vier Bretten, pflegte jener Metzger zu sagen (? — Schwaben. Birlinger.)

1303. Allbot helpt! s. dat Mîgemken un p. in de See. — s. das Müsken un p. in'n Rîn.— s. Michel un p. in de Eider. — s. de Mügg, dôr p. se in't Haf, — in de Eemse. (Ostfr.) — Auch findet sich noch als Fortsetzung des letzten: harr'n sæwen Mœhlen van egân. — So noch unzähligemal hier und dort.

1309. Spülwasser löscht au den Durst, sagte der Metzgerknecht, als er bei seiner Meisterwittwe schlief. (Schwaben.)
1310. Dat kann wol mœglich 'n oll Sau sin, säd' Meyersch un harr 'n Bîern bi de Klöten. (Mecklenbg.)
1311. Non semper datur oleum, sagte Michael und schiss in die Lampen.
1312. Ein Gickelhähnchen aus der Mühle ist für alles gut, nur darf es noch kein unrecht Körnchen gefressen haben, sagte Schneiders Michel. (Werra.)
1313. Du kümmst dahinner dörch, as Toms hinner'n Hamel, seggen se to Mieste, erst har he em bi'n Swanz, tôletzt kunn he em nich mier sehn. (Altmark.)
1314. Vör alle Gefahr, see de Minist, dô bünd he sînen Hund an, de all drê Dage dôd was. (Ostfr.)
1315. Êten, êten, segt Mittendorf. (Hildesh.)
Môder siehe Mutter.
1316. Aller guten Dinge sind drei, sagte Peter Möffert, als er dem Jungen die dritte Watsche gab. (Schlesien. Wander.)
1317. So möt't kâmen, segt Möller un mâkt de Büchsen vull. (Mecklenbg. Vergl. 1123. Var.)
Möller siehe Müller.
1318. Hu! segt de Mollheier on full vom Stohl. (Frischb.)
1319. Jetzt kommt die Liebe, seggte de Mönch tau'r Nonne, as hei se drei Dâge beslapen harre. (Wolfenbüttel. Wander. Vergl. 308. 1285.)

1320. Och gôd, säd' der Münnich, do kräg ha Bocket (Bedburg. — Wander.)
1321. Wir wollen's heimlich halten, sagt der Mönch zur Nonne. (? — Wander.)
1322. Die Welt will betrogen sein, sagt der Mönch, darumb bin ich hie.
1323. Es kostet mich im Laden mehr! sagte der Mönch, als ihm die Frau einen Blaffert für die Messe gab.
1324. Der heilige Sebastian ist gut! sagte der Mönch, wie ich auch mit ihm theile, er schweigt und ist zufrieden.
1325. De lêw' Gott is ôk in'n Keller! säd' de Mönk, as he tô Wîn ging.
1326. Serviendum est tempori, sagte der Mönch und ging um Mitternacht zur Nonnen.
1327. Wer's mit Frommen hält, wird fromm, sprach der Mönch und schlief in einer Nacht bei sechs Nonnen.
1328. Wir sind alle als Esel Christi gezeichnet, das Kreuz auf dem Rücken, sagte der Mönch. (Klostersp. Wander.)
1329. Ich thu es nicht, ich thu es nicht! rief der Mönch, so der Nonne einen Bischof machen sollte, und machte ihr ein Töchterlein.
1330. Non! sagt der Mönch, wann er seim Beichtvatter rüfft. (Fischart.)

1331. Gott förlet de Sin'n nich, sä de Môrdbrenner, as he fan'n Galgen werder 'runner kaem, wîl he begnadigt wier, tîdsläbes in de Kâr tô gân. (Süderdithm. Wander.)
1332. Nû is de Sündflôt vör de Döer! säd' de Mügg un pisst bi't Regenwêder.
1333. Ên Drupp helpt den annern up! säd' de Mügg un pisst in de See.
1334. Gib ab ab, gib ab ab, klappert's in der Mühle.
1335. Grosse Förze wollen sie lassen und haben doch die Arslöcher nicht dazu, hat Mühlhannes gesagt. (Werra. Vergl. 351. 491.)
1336. Dat's 'n anner Kûrn! säd' de Möller un bêt up'n Mûs'kœtel. (Vergl. 1292.)
1337. Dat du de Frisur krigst! säd' de Moltmöller un smêt sîn Frû op'n Mehlsack. (Holst.)
1338. Was mich nicht brennt, sagte der Müller, das lösch' ich nicht. (Oberlausitz. Wander.)
1339. Ach Gott, wie schmeckt das Wasser so gut, hätt' ich mein Mühlchen noch! sprach der Müller, da er seine Mühle vertrunken hatte. (Riehl. Vgl. 1549.)

1336. Dat îs 'n ander, see de Möller, bêt up'n Mûsekœtel. (Ostfr.)
1339. Ach was schmeckt doch der Born so gut, hätt' ich mein Häuschen noch! hat Hänschen von Vacha gesagt, da er sein Haus versoffen. (Werra.)

1340. Dat öss schön, segt de Meller, wenn't regent. (Preussen. Frischbier.)
1341. So gehet d' Gäng', hat der Müller g'sait, ist zur Magd gange. (Schwaben.)
1342. I bin glei fertig, dann will i reda, sagte der Müller, da ihn seine Frau bei der Magd traf. (Schwaben.)
1343. Wer z'airst kommt, malt z'airst, sagt der Müller. (Schwaben.)
1344. Hops über! hat der dicke Müller gesagt. (Mark.)
1345. Wâter un Wind, dat is mîn Gesind', segt de Möller.
1346. 's got nunz über d' Reinlichkeit, hot d' Müllere allemol g'sait, und hot voar'm Brunza in Soachhafa blosa, dass der Staub 'rausgfloga ist. (Schwaben. Birlinger.)
1347. Tellern un kên Fleisch, sagte Mund, da er warten musste. (Neuhaldensleben.)
1348. Ik mücht ôk lachen, wenn de Narr nich mîn wîer! säd' den Jung sîn Môder, dôr danzt he up de Lîn.
1349. Du loep jo un loet di krabben, säd de Mutta to äan Söen, as se em si Bit afschloen däd. (Werra. Engelien.)
1350. Von der Mund up de Spund! segt de Mutter tau'r Dochter. (? — Hildesh.)
1351. Junge, hêst Lûsen, see mîn Moor, kannst noch 'n grôt Bêst wârden. (Ostfr. — Vergl. 901.)

N.

1352. Imperet tibi Deus! sagte N., beschwur er einen Bock im Finstern, meinte, es wäre ein Gespenst. (Neander. Vergl. 1496.)
1353. Dat's kên Spass, sâd' de Nachtwächter, wenn man mi in't Hûrn schitt.
1354. Schönen Abend vör'n Âben, säd' de Nachtwächter, dâr güng de Sünn up. (Hamburg.)
1355. Een weer t'rügg, rêp de Nachtwächter tô Mieste, da harr he êns tô vel fopt. (Altmark.)
1356. So mutt it wedder kamen, sä de Nadelmaker, do harr he vor'n Schilling Nadeln verköft. (Holstein. Vergl. 36.)
1357. Dat wêr ên von 't Dûsend! säd' de Nadelmâker, Jung gâ hen un hâl mi'n Krôs Beer. (Oldenbg.)
1358. Es ist nicht alles Gold, was glänzt, sagte der Nagelschmiedshund, als er mit dem glühenden Eisen gestupft war. (?)
1359. Röhrle, Röhrle, Er ist ein Herrgottsakkermenter! hat der Napoleon zum Röhrle g'sagt. (Schwb.)
1360. Geh' ins Bad und wasch de! sagt der Narr zum Mohren. (Schwaben.)

1357. Ebenso: see de Spellmaker. (Ostfr.)

1361. Ei schlag das Wetter die Hacke! sagte der Narr, da ihm der Stiel an die Nase fuhr, vorher wusste er ihren Namen nicht.
1362. Omne principium grave, sagte der Narr, der wollte die Kuh beim Schwanz aufheben. (Vergl. 201. 359. 1469.)
1363. Eure Blumen riecht gar stark, sprach der Narr, als ihm die Jungfrau den Besen unter die Nase gerieben. (Vergl. 323. 707.)
1364. Und ich! sagt der Narr. (Vergl. 1623.)
1365. Vêl tô klôk! segt de Narr.
1366. Halt es stelle, saghte Meister Neideck. (Mark. Woeste.)
1367. Will't smecken? segt Nelke, 't sind Pillen. (Hildesheim.)
1368. Ach Waesch, nödig' s' mî noch ês, säd' Fiek Nettelbeck's (Mecklenbg. Vergl. 1220.)
1369. Was a bissle a Burger ist, hat äll Markt sein Brotes, saget d' Neuenburger.
1370. Rietz, sagt Neumann, noch fer e Grosche Knasterblank. (? — Preussen. Frischbier.)
1371. Lât rîten! segt Neumann, fiev Schâp up ênen Wulf, bîten's 'm dôt, so bîten's 'm dôt. (Mecklenbg.)
1372. Spass muss sein! sagte Neumann! da kitzelte er seine Frau todt. (Breslau.)
1373. Na so muss 's kommen! sagte Neumann, sieben Häuser und keine Schlafstelle. (Breslau. Vrgl. 1155.)

1374. Dat sall wol wat hêschen! säd' et Niclöschen, do fêl et mit der Köz Eier den Hartberg heraf. (Rheinland.)
1375. Nusquam tuta fides, sagte Nicolaus, wollte einen Furz lassen und schiss gar in die Hosen. (Vergl. 1282. 1301.)
1376. Usus facit artificium, sagte Nicolaus und stiess seine Frau zum Fenster hinaus, meinte sie sollte lernen fliegen. (Vergl. 820.)
1377. Noch nich, nâsten! segt Schmid Nöcker. (Mecklenburg. Vergl. 280.)
1378. Wir sollten wol Jungfrouwen syn, sagt jhens Nönnchen, wann wir's wären. (Seb. Frank.)
1379. Ein Mohr schwärzt den andern nicht! sagte die Nonne zum Pater, da lag sie auf ihm.
1380. Ein Mohr schwärzt den andern nicht! sagte die Nonne, da sass sie in des Mönchs Kutte.
1381. Müssig gehn mag ich nicht! sagte die Nonne, da stieg sie zum Pater in's Bett.
1382. Müssig gehn mag ich nicht! sagte die Nonne, da lauste sie die Mäuse.
1383. Fief öss ûtt, segge de Noodeborger. (Preussen. Frischbier.)
1384. Drê grôte Bohnen sünd net so gôd, as'n Snûte vull dröge Brôd, seggen de Norders. (Ostfr.)

1375. N. t. f. sagte der Teufel, da schiss er in die Hosen.

1385. Hadd je wat êr kâmen, dann hadd je wat mit êten kunnt, seggen de Norders. (Ostfr.)
1386. Ich thu's dies Jahr nicht, sagt man in Nürnberg, auf's ander Jahr kommen die Heiden. (Wander. —?.—)

O.

1387. Diese Noth hab' ich mir selber gethan, sagte der Ochse, als er seinen Mist auf's Feld führen musste. (Boners Edelstein.)
1388. Der Gescheidtere gibt nach, sagte der Ochs, da zog er an. (Salzburg.)
1389. Kopparbeit gript an, säd' de Oss, dâr treckt he tôm ierstenmal in'n Plôg. (Mecklenbg. Vrgl. 92.)
1390. Dat 's 'n wunnerken End', sä' de Oss, do stund de Obä up ên Bên. (Oldenb.)
1391. Bat dat Holt harde es, sach de Osse, den slaugh he metten Stiärte annen Beum. (Mark. Woeste.)
1392. Wist du oder schall ik? säd Johann van Ohn tô sînen Bull, de vêr Schilling möt't verdênt sîn. (Holstein. — Vergl. 1270.)

1385. Wenn ihr eher gekommen wäret, sagt der Schaffhäuser, so hättet ihr können mitessen! (Wander.)
1392. Wullt du of schall ik? säd' de Bûr tô dem Bullen. (Bremisches Wörterbuch.)

1393. Mutter, segt de Omar (?), öck rêk et Bedd von End tô End, öck si hied Nacht gewasse — do lêg he verquêr öm Bedd. (Preussen. Frischbier.)

P.

1394. Wôr Bên! säd' de Pagelûn un ging in'n Pierstall. (Holst. — Vergl. 692.)
1395. Wenn eck nich tô Hûs ben, kann eck denn uk kame, säd' de Päkelhäring. (Prss. Frischbier.)
1396. Der Will geht für Gold, sprach der Papegey im Korb. (Seb. Frank.)
1397. Dat giwt Rühmde um de Hêrd, see de Papenborger têgen sîn Wîw, dô wassen hüm sæwen Kinner in de Pocken avstürwen. (Ostfr. — Vergl. 655.)
1398. t' sünd schlichte Tîden? säd' de Pâp, de Bûr mâkt sîn' Kinner sülwst. (Auch Oldenbg.)
1399. Was zu viel ist, ist zu viel, säd' de Pâp, as em de Bûr 'n grôt Wust up de Kâr bröcht, doch schieb' sie nur hinein. (Hinterpommern.)
1400. Buff! sä' de Pape, da stött he mit sînen gegen de Dischecke. (Hildesh.)

1396. Der Will geht für Gold, sprach der Papagei im Korbe (da er nicht herauskommen k'ond. — Epring.)
1398. Dat sünd nâre Tîden, see de Pâp u. s. w. (Ostfr.)

1401. Hollen môt noch van Hofart undergân, see de Pastor, as der ên Bûr all weer mit nêe Holsken in de Karke quam. (Ostfr.)

1402. Sterben ist mein Gewinn, sied de Pastäur; joa, Haerr, et sghad' mi äuk nit, maind de Köster. (Mark. Woeste.)

1403. 't is all richtig, sä de Pastor, de Jung hêt Geske. (Ostfr. K. & W. Vergl. 225.)

1404. Ei is Ei! säd' de Paster (Köster) un grêp na't Gôsei. (Vergl. 819.)

1405. Mann vör Mann' n Vâgel! säd' de Paster, un mi de gebraden Gôs. (Vergl. 630.)

1406. Nicht aus sinnlichem Triebe, nein, aus christlicher Liebe! säd' de Paster, as he bî de Diern slêp. (Mecklenbg. — ?)

1407. Auch ein Fischzug! säd' de Paster, as he vör 'n Altôr de Bôrs mit 'n Snufdôk ût de Tasch rêten harr. (Mecklenbg. — ?)

1408. Es ist nicht meinetwegen, sondern um meinem dereinstigen Nachfolger nichts zu vergeben, säd' de Paster, da nêm he dat letzt' Ei von de Wittfrû. (Mecklenbg. — ?)

1409. Dat kummt van't lange Predigen! säd' de Paster, dôr harr he in de Büx schäten. (Holst.)

1410. So kann't angân, säd' de Paster tô Spandet, da drôgen se em tô Krôge. (Flensbg.)

1411. Best in de Mirr! säd' de Paster un ging twischen twê Düwels. (Vergl. 1772.)
1412. So leb' denn wohl, säd' de Paster tô 'n Dêf, de schull hängt wârden. (Hambg.)
1413. Das thu ich für euch alle, säd' de Paster, söp den Bramwîn allên ut. (Hambg.)
1414. In de Meinunge beschîtet seck de Kinder, segt de Pastor. (Hildesh.)
1415. Dat härr gefährlick hulpen, säd' de Paster, harr vör'n Kranken bäd't de was dôd blêben. (Hamb.)
1416. Arbeit macht reich, säd' de Paster, is aberst nich wôer, sünst wîern wî Daglöners alltôhôp rîk Lüd'. (Hamburg.)
1417. Gedulde dich, du frommer Christ, mich kommt was an, was menschlich ist, säd' de Paster, stêg von de Kanzel un pisst ês. (Hamburg.)
1418. Da haben wir den Dreck! sagte der Pastor und liess das Kind fallen.
1419. 's ist gerne geschehen, säd' de Prêstergesell, dar härr he bi'n Prêster sin Grôtmôder slâpen. (Hamburg.)

1418. Da liegt der Dreck, sagt der Pape und lässt das Kind fallen. (Frischbier.)

1420. Wenn' d' unnen fârig büst, kumm h'rup un küss mî, säd' de Prêsterdochter tôn Gôs'hierden. (Hamburg. Vergl. 1186.)

1421. Wer kann vör Malüer, säd' de Prêstermamsell, härr twê Jören krêgen. (Hambg.)

1422. Wî lange is ûse Mamsell keine Jungfer mehr! sä' dat Pastorenmäken. (Hildesh. — Vergl. 1237.)

1423. Dat was gefegt, harr de Pater segt, harr de Nonn in'n Nôrs lickt. (Mecklenbg.)

1424. In der Fasten schmeckt der Speck am besten, sagte der Pater, da er zu einer Frau auf Besuch ging. (Klostersp. Wander.)

1425. Dervör is so gôd as dârin, see de Pater. (Ostfr.)

1426. Dâr is weer 'n Schilling nâ de Bliksem, see de Pater, dô full hüm de Brill van de Kansel. (Ostfriesland.)

1427. Es wöllen's also hân die Leut, sagt jener Pfaff und that Bescheid. (? — Fischart, St. Dominici Leben.)

1428. Von Fischen und Engeln ist nicht gut predigen, sagte jener Pfaff am Michaelistag; niemand weiss, was Er oder Sie ist. (Nach Agricola.)

1420. Wenn du unte fertig bist, komm 'rauf und küss me, hat die gross Frau zum kleinen Mann g'sagt. (Schwaben.)

1429. Vanitas vanitatum! sagte der Pfaff, der fiel von einer Frauen.
1430. Crux! sagt der Pfaff, das ist ihr lux. (Fischart.)
1431. Cum gratia et privilegio, sagte der Pfaff und ging zur Abbatissin.
1432. Kinder, es ist ein Weinkotz, sagte der Pfaffe, da er spie.
1433. Älls rei! hat der Pfaff zum Hausknecht g'sagt, er hat Marie g'hoissa. (Schwaben.)
1434. Ja oder nein, sagte der Pfaffe zur Braut, der Bräutigam hat nicht Zeit. (Wander. — ? —)
1435. Poenitet fecisse hominem, sagt jener Pfaff und sass zwischen zwo Wiegen und wiegt das Kind und kriegt also Absolution. (Weidner. apopht. — ?)
1436. Sie ist doch Jungfer gewesen, sagte der Pfarrer, da man ihn schalt, dass er ein Mädchen mit ein paar Kindern als Jungfer aufgeboten hätte. (Wander. — ? —)
1437. Kinder mache, ist kein Kunst, aber keine mache, sagte der Pfarrer, als der Schulmeister sein neuntes Kind anzeigte. (? Schwaben. Vergl. 1642.)
1438. Und dös wöllet emôl Engela werda! sagte der Pfarr, da er einen Haufen besoffener Bauern sah. (Schwaben.)

1433. Ob her gahst? hat der Pfaff zum Hausknecht g'sait, hat Marie g'hoisse. (Ulm.)

1439. 's ist eba a Welt! hat der Pfarrer g'sagt. (Schwaben.)
1440. Duss ist's! hat seller Pfarrer g'sagt und hat's Amen vergessen. (Schwaben.)
1441. Nu wärn mer dô, sagen die Pathen, wenn sie mit dem Kinde zur Taufe kommen. (Oberlausitz. Wander.)
1442. Dat 's 'n Kierl von mîn Gröt, segt Patzenhauer. (Mecklenbg.)
1443. Da bring ich's! sagte Paul und fiel damit zur Thür hinein. (Vergl. 806. 1916.)
1444. Gemach, sagt Herr Paulsen, dass wir desto eher fertig werden.
1445. Reib den Ars, so geht er! spricht Paulus zu Peter.
1446. Nû kâm ik, segt de Peijatz. (Ostfr. K. & W. Vergl. 1623.)
1447. Es kommt alles auf den Einschlag an, hat der Peter gesagt.
1448. Lôp an de Weerlücht, see Peter, dô sêt he up't Pêrd. (Ostfr.)
1449. Mache mich nicht russig! sagt die Pfanne zum Kessel. (Eiselein. — Vergl. 1035.)

1443. Da bring ik't, säde Hans un full darmit tô'r Döer herin.

1450. Hunger und Durst kann ich entbehren, aber meine Ruhe will ich haben, sagt der Pfälzer.
1451. I will mein Sach von mir gea, sagte der Pfeffer von Stetten, da langt' er unter die Bettdeck und bracht' eine Hand voll Dreck vor. (Schwaben.)
1452. Das ist ein rechter Salat für den Esel (das Maul), sagt ein Philosophus, der sonst nie gelacht, sahe er einen Esel Disteln fressen. (Seb. Frank. — Vergl. 436.)
1453. Wat helpt 't Reden! segt Pieritz, wenn 'n stâlen hett, giwt't Släg'; man hêr mit de fievuntwintig. (Vergl. 1547.)
1454. Hebe dich hoch! segt Pietschmann un schwengt sich 'n Matt Weitklie up.
1455. Is verschieden! segt Piper. (Mecklenbg.)
1456. Dat is œwerdrêwen! säd' Glaser Plötz un treckt sîn Frû 'n Polypen ût't Ûr.
1457. Hier is't düster, segt Glaser Plötz, sitt mit'n Kop in 'ne Törfkûl.
1458. Dat 's ên sünner Stên! sä de Plummenêter, dar harr he 'n Snick slaken. (Ostfr.)

1452. Ei für solche Mäuler gehört ein solcher Salat, sprach Crassus, da er einen Esel sah Disteln fressen.
1454. Hebe dich hoch! segt Petermann un swengt sick'n halffürtel Matt Hawerklie op'n Puckel. (Westfal. Wander.)

1459. Hier sünd so vêl Herren tô naschen, säd' de Pogg, dâr glitscht de Adder œwer êr Lîw. (Hambg.)
1460. Dat was't man! segt Pogg. (Mecklenbg.)
1461. Arbeit führt zum Paradiese, säd' oll Pogg, da lêwt he noch. (Mecklenburg.)
1462. Strafe muss sein, see Muns Poppen, dô êt he de Kinner de Botterbröd up. (Ostfr.)
1463. So wat lêwt nich, segge de Posmahler on schleppe möt dem dod'ge Gässel hinder'n Tûn. (Preussen. Frischbier. Vergl. 489. 865. 1572.)
1464. So wat lêwt nich, segge de Posmahler on rîde oppe dod'ge Sau. (Preuss. Frischbier. Vgl. 1580.)
1465. O wat all! säd' de Pracher, un as he tosêg, härr he nix. (Vergl. 915.)
1466. 't frîrt jeder, dôrnâ he Klêder hett, säd' de Pracher, dôr härr he in'n Winter 'n terräten Rock an.
1467. Prahlt wi nich, sau hewt wi nix, streut wi kein Sand, hewt wi kein Hûsgeräthe, segt de Pracher. (Hildesh.)
1468. De Doernbusch hett uns trûgt, säd' de Pracher un sîn Minsch tô'n Gensdarmen. (Hambg.)
1469. Aller Anfang öss leicht, säd' de Pracher, als hei dörch't erschte Derp gegange war, on hadd' nuscht im Sack. (Preuss. Frischbier. — Vgl. 201. 359. 1362.)

1462. Strafe maut sin, sach de Magister, da fratt he dem Jungen 'et Bueter av. (Woeste.)

1470. Dat drêgt nich, segt jenn Pracher on bepösst sîn Wîw ön êner Nacht drêmal. (Preuss. Frischb.)
1471. Reinen Ôrs! säd' de Präcepter, oder ik slâ dôrup.
1472. Reinen Ôrs! sä' de Persetter, oder ik dô dôr kênen Slag op. (Holst.)
1473. He had en ganz guden Kopp, segt de Persetter, man blôt ni recht Anlagen. (Wander.)
1474. O du lieber Herrgott, no au no a Jährle! hat der Prälat auf dem Sterbbett g'sagt. (Schwaben. Vergl. 1874.)
1475. Gleich zur Stell', segt de Preikszus. (Preussen. Frischbier.)
1476. Et geit nix öwer dat lütche Vergnügen, segt Prinzlausche. (Hildesh. — ?)
1477. Was man nicht mag erfliegen, muss man erhinken, sagte der lahme Prior, da er zur Nonne schlich. (Klosterspiegel. Wander.)
1478. Besser ein Fenster aus als ein ganzes Haus, sagte der Probst, da man ihn warnet, er werde sich blind saufen. (Fischart.)
1479. Von dem Krâm öss wieder nuscht tô rede, da schwöggt man lewer stöll, segt Puppel. (Preuss. Frischbier.)
1480. Zu dienen, sä Reint Puppkes, dô sprôk he Dütsk. (Ostfr. K. & W. — Vergl. 244.)

1472. Ebenso findet der Spruch sich vom Meister gesagt.

1481. Hâl mîer, segt Pustîr. (Mecklenbg.)
1482. Na nu kümmt dôr wat! segt Putscheneller, ligt 24 Stunden bi sîn Frû un pisst in't Berr. (Vergl. 219. 308.)
1483. Na so möt't kâmen, segt Pütter, wenn ik 'n Stück Brâd' hebben sall. (?)

Q.

1484. Appelbrei is Appelbrei, segt Quaddel. (Hildesheim.)
1485. No, dei singet, dat 'n de Melodie rûken kann! segt Quante. (Hildesheim.)

R.

1486. Schlechte Tîd, segt de Racker, et föllt nuscht. (Preussen. Frischbier.)
1487. J bin nüt, wo sy alle nüt, i Gottes Name! hat der Rathsherr gesagt. (Jerem. Gotthelf.)
1488. Kommt Zeit, kommt Rath, sagte der Rathsmeister. (Werra.)
1489. Da hat's Mäuse! hat der Ratzemann gesagt.
1490. Slâ de Jungs den Ârs vull un lât s' nâ Hûs gân, säd' Förster Regenstein tô 'n Schôlmeister, as he mit up de Jagd schull. (Hambg.)

1491. Da liegt's! sagte Jakob Rehbock. (W. Alexis. F. Woldemar.)
1492. Dat will van Dage 'n hêten Dag worden, sä Revertohm, do stunn he um Middag up un stappde in de hête Rîsebrê. (Ostfr. K. & W. Vergl. 1609.)
1493. All's 'lîk lêw! segt de Rêper. (? — Vgl. 651. 660.)
1494. Jung drei! segt de Rêper. (Mecklenbg.)
1495. Es ist schlecht Wasser! sagte der Reiher, da konnt' er nicht schwimmen.
1496. Mir graut, sagte Reupel, da fand er ein fremd Unterkleid am Bettpfosten hängen. (Agricola. Vergl. 1352.)
1497. Solche müssen's alle sein, segt de Riechat ût Seebe on nimmt e Lûs ût de Böxe. (Preussen. Frischbier.)
1498. 't is doch gôd avgân! säd' Riedel, kam von'n Fischen un härr nix krêgen.
1499. Vaddersche, Vaddersche, sau ist't mik sîn Lêwen noch nich gân, säd' Dortjen Rinkels tau'r Baemudder un kreig 'n Kind. (Lünebg.)
1500. Et es mî lîkefiel, sied de Roggen, biu du mî ieges, wan du mî män ghued lieges. (? — Mark. Woeste.)
1501. Mit Gemach! sagte Goffe Roorda und kriegte eine Faust ins Auge. (Westfr.)

1502. Da schwimmen wir Aepfel daher, sagte jener Rossdreck, schwamm er mit den andern Aepfeln den Bach ab. (Seb. Frank. Vergl. 643.)

1503. Wo bleib' ich? sagt Rössler. (Hildesh.)

1504. Wer hält hie einander? sagt' Rost am Halseisen. (Neander.)

1505. Stäbelow un Parkentin wöll'n ôk Hansestädte sîn, seggen de Rostockischen. (Mecklenbg.)

1506. Wer's waass, werd's wisse, sagt der Rothschild. (Schwaben.)

1506a. Alles d'rum und dran, sagt Rückholt. (A. d. Elbe.)

1507. Hewwe, hewwe, segt de Rüe. (Ostfr. Vergl. 41. 325. 441. 1036. 1524. 1846. 1851.)

1508. Jup! sied de Rüe, wan se 'ne in'n Steärt knîpet. (Mark. Woeste.)

1502. Nos poma natamus! sprach der Rossbolle und schwamm mit andern Aepfeln den Bach ab. (Eiselein.) — Da schwimmen wir Aepfel, sagte der Rossapfel und schwamm mit den ächten. — Dôr schwemmt wi Appeln! säd' de Pierkœtel un swemmt mit 'n Borsdorfer de Bäk entlang. (Holst.) — Wir Aepfel kommen von Strassburg, sagte der Rossdreck, als er auf dem Rheine daher geschwommen kam. (Murner. Wander.)

1509. Fort mit, was keinen Zins gibt! sagte **Rülps** und hustete oben und unten. (Franken. Vgl. 105. 813.)
1510. Wat gaw Gott t' daune? segt de Jungfer **Rumpen**, da lêwe se aber noch. (Hildesh.)
1511. Dat bind't, see **Runde**, dô settede he vör'n Viertehalv Latin in de Supplik. (Ostfr.)
1512. Na ja, ja, segt Vatter **Rusch**, harr nich dacht, dat ik'n Nachtwandler wier! dâr dröp sîn Frû 'n Nachts bî de Diern. (Hambg.)
1513. De Rêden sünd gôd, segt **Rûtenbarg**, wenn de Dâten ôk man dôrnâ wiern. (Mecklenbg.)
1514. Dat is vör de Nieglichkeit! säd' **Rüting**, wier van't Mäten kâmen un härr sich't Bên brâken.
1515. Kann sien auk niet! sag Jan **Rütter**, dô lefden he noch. (Meurs.)

S.

1516. Sûp ût! segt de **Sachs**. (Gärtner, proverb. dict. Frankof. 1570.)
1517. Dunner un de Knütt! segt **Säfkow**. (Mecklenbg.)
1518. In Limmer — je länger je schlimmer, hat **Sackmann** gesagt.
1519. Alles ist eitel! säd' **Salomon**, as he dôrmit fârig wier. (Vergl. 915.)

1520. Alles zu seiner Zeit! sagt Salomo, zu seiner Zeit essen, zu seiner Zeit trinken, zu seiner Zeit an die Pumpe tasten.
1521. Höger up! segt Sanners, as he hängt würr. (Hamb.)
1522. Sind auch Kleien da? sagte die Sau, da ass sie beim Löwen.
1523. Alle Vortheile helfen! sagte die Sau und schnappte sich eine Mücke.
1524. Hîr nâ Mai! sach 't Schâp, da slauch iäm de Hagel vör de Fuet. (Woeste. — Vergl. 41. 325. 441. 1036. 1507. 1846. 1851.)

1524. Hiernae Mey, sagte die Sügge, do sloich se der Hagel vor den Ars. (Tappius.) Vermuthlich doch nur ein Missverständniss, da die nachahmenden Laute wohl schwerlich die Stimme der Sau bezeichnen können. — Eine Zusammenstellung mehrerer sich antwortender Thiere, wie 325, findet man noch in einem Spruch, den ich früher zwar auch plattdeutsch gehört, aber nicht mehr genau weiss. Ich gebe ihn also lieber, wie er hochdeutsch vorkommt: Wann kommt der Mai? sagt das Lamm. — Wirst's erleben! sagt das Schaf. — Ich nicht! sagt der Bock. — In Mecklenburg findet sich: Lamm: Wo is mîn Mömme blêben? — Buck: is to Balken stêgen. — Lamm: kümmt's nich bald wedder? — Buck: Nä, nä!

1525. Ich will keinen Hund beissen! sagt der Schafhund, ich muss meinen Zahn für den Wolf sparen.
1526. Frîg man îerst! säd' de Schêper tô sînen Hund, sast 'n Stârt wol hängen lâten.
1527. Schweig still, du kriegst auch wol noch eine Frau, sagte der Schäfer, als sein Hund vor Freuden zu laut bellte. (Franken. Vergl. 423.)
1528. Ja, das laut! sagt der Schäfer. (Kirchhof.)
1529. Halv Busch, halv Rock! säd' de Schêper un sett't sich achter'n Knüttelsticken. (Vergl. 609.)
1530. Ghuod aere de laiwe Glummer, mach sin Winter oder Summer, saghte jäiner 'Sghäper, do sät hai imme hiäten Sunnensghine füär den Brännen. (Mark. Woeste.)
1531. Von nix kümmt nix! säd' de Schêper, dôr lêt he ênen strîken.
1532. Dat schûg't doch! säd' de Schêper un härr 'n dôdigen Hund in'n Sack. (Vergl. 1267.)
1533. Dat hett de Wulf dân! säd' de Schêper, dôr wîer em 'n Schâp stâlen. (Auch Eifel. — Vergl. 1908.)
1534. Wat nâ kümmt, fritt de Wulf (Sœg), segt de Schêper. (Mecklenbg.)

1526. Anderwärts mit dem Nachsatz: denn wârst du dat fix œwern Tûn springen wol lâten.
1529. Halv Busch, halb Rock, segt de Voss (Göttingen.)

1535. Plumenpingesten, wenn de Böcke lammet, segt de Schâper. (Hildesh.)
1536. Murrjân harr sick ôk gêb'n, säd' de Schêper, wîer 'n ollen Hund wêst. (Hambg.)
1737. Ficks kumm! säd' de Schêper, Herr Paster stichelt, as de Paster œwer 'n gôden Hirten predigt. (Ostfriesland.)
1538. Mînthalben mag't 'n Buck sin, säd' de Schêper, hett aberst twê Löcker unner'n Stârt. (Hambg.)
1539. Mer wend go! sagt der Schaffhäuser. (?)
1540. Grade up as ik! segt Jan Scheewe. (Bremen. Vergl. 347. 1077.)
1541. 't is wie 't is, segt Josef Scheibel, dâr lêwt he noch. (Mecklenbg.)
1542. Hei sitt 'r nu einmal! segt de Schîbenkîker. (Hildesh.)
1543. Da geht es alles hin, sagt Scheissinsbett. (Vergl. 279.)
1544. Bî den Lüen is de Nârunge, sagte de Schêrenslîper, do schäuw he met der Kâr in de Kearke. (Paderborn.)
1545. Ware fahre, segt de Schêreschlieper on schuwt de Karr sölwst. (Preussen. Frischbier.)

1537. Fix, kumm! sä de Schäpker van Riepe tô sien Hund, as de Pastor aver de Miethling prêkde, 't Sticheln un Stacheln geit all wêr lös. (Ostfr. K.&W.)

1546. Fahre geit, säd' de Schêreschlieper on ging tô Fôt. (Preussen. Frischbier. Vergl. 869.)

1547. Dat helpt nich, mîn lêw' Herr, säd' Schering, wenn ik doch Släg' hebben sall, ik krîg se hüt oder morgen. (Vergl. 1453.)

1548. Alle Frachten lichten! sagte der Schiffer und warf seine Frau über Bord.

1549. Dör de Kehl kann völ, see de Schipper, dô hadde he sîn Drêmastschipp versôpen. (Ostfriesl. — Vergl. 1339. 1892.)

1550. Ik vergêv di't Jann, man denk du daran, segt de ên Schipper tegen de ander. (Ostfr. K. & W. Vergl. 1650.)

1551. Wâgst du dîn Lêwen, so wâg ik mîn fiev Dâler, säd' de Schipper, as de oll Mutt, de he köft harr, mit Gewalt œwer Bord wull. (Jever.)

1552. Gottlov hier! säd' de Schipper un was noch drê Mîlen in de See.

1553. Gottlov hier! harr de Schipper segt, as he wedder midden up See was. (Eichwald.)

1554. Lewer See as Land plögen, segt de Schipper. (Bremen.)

1555. Fiev Finger, dat is 'n Bootshaken! segg'n de Schipplüd'. (Ebenso hochdeutsch.)

1556. Wir Leut' und unsre Leut' sind anders als andre Leut', sagen die Schiffleut' von Ulm.

1557. Ohsser, sagt Schiller. (Preussen. Frischbier.)

1558. Gott ehre das Handwerk! sagte der Schinder zum Richter. (Vergl. 57.)
1559. Dat is 'n Fehlschlag! säd' de Slachter un slög de Koh vör'n Nôrs. (Vergl. 1922.)
1560. Dat is so'n Treffen! segt de Slachter un slêt den Ossen in't Ôg'.
1561. Teif, Lorck, sä' jenne Slächter, hest du 't Leben da sitten? Da stök hei 't Swîn in 't Âslock. (Hildesh.)
1562. So wôr as ik vor Gott stâ, ik kann nich mehr gewen, säd' de Slachter, dô stund he vor'n Ossen. (Holstein.)
1563. Dat maut mi raine sin, sach de 'Slächtersfrau, do trok se 'n Duimlink iut der Wuorst. (Mark. Woeste. Vergl. 401.)
1564. Köpste Speck, dann büste Geck, kôp Swînesfaüte, dai sitt saüte, siet de Slächtersrü'e. (Woeste.)
1565. Siehst de Hase? sagt der Schlegelschmied. (Schwaben.)
1566. Rast' ich, so rost' ich! sagt der Schlüssel.
1567. So was trägt sich zu! sagte Meister Schlüter, da hatt' er einen Spiegel gekauft ohne Glas und Rahmen.
1568. Dat es dat, sacht Schmack, da schlôg he de Frû egen Nack. (Aachen.)
1569. Richtig! sagt Schmeisser, da legt er das Winkeleisen recht. (? Altmark.)

1570. Gutle, sait der Schmelzle, hat seim Weib sei Busele küsst. (Ulm. Heilbronn.)
1571. Lât, lât, segt Smädsmidt, de Amboss is nich betâlt un vör'n Blâsbalken krigt de Kierl ôk kên Geld. (Mecklenbg.)
1572. So wat sall nich lewe, säd' de Packlapper Schmedt on hof ên dodget Kalf op den Nacken. (Preuss. Frischbier. Vergl. 1463.)
1573. Jk slôg mî reis têgen sæwen, see Rôlf Schmid, man der was nüms, de mêr Slâge krêg as ik. (Ostfriesl. — Vergl. 457. 1261.)
1574. Dös sind schwere Stuck! sagt der Schmiedbeck. (Neresheim.)
1575. Holt still, dat is all nich recht! säd' Schmietendörp.
1576. Mer wisset's jo no scho! hat der Schmitze g'sait. (Neresheim.)
1577. Is doch wat! segt Schnabel un füng sich 'ne Pogg. (Ebenso hochdeutsch. Vergl. 799.)
1578. Is doch wat! segt Schnabel, bêter 'n halw' Ei as'n leddigen Dopp.
1579. 's ist doch was! sagte Schnabel und ass die Suppe mit der Gabel.
1580. So was lebt nicht! sagte Schnabel, da fand er eine todte Lerche. (Berlin. Schlesien. Vergl. 1464.)

1581. Lass mich mit dir laufen, sagt jhene Schneck zu einem Botten. (Seb. Frank.)
1582. Kam'k hüt nich, so kam'k morgen! säd' de Snick, dôr frêt se de Râw'.
1583. Nur langsam und deutlich, hat der Schneck gesagt und hat 'n Tag braucht, bis er am Scheunenthor aufkommen ist. (Schwaben.)
1584. Dat küemt vam Bullern, sach de Snagel, dai hadde siewen Jâr am Kiärktorn kruopen, un as hai balle uowen was un sik snellen wull, was hai herunner fallen. (Woeste.)
1585. Was die Gewohnheit nicht thut, sagte der Schneider, da hat er 'n Stück von seinem eigenen Tuch in die Hölle geworfen.
1586. Wat de Gewennheit nich dêt! säd' de Snîder un stöl 'n Stück von sîn êgen Büx. (Vergl. Kirchhof.)
1587. All's mit 'n Mât! säd' de Snîder un slög de Frû mit de Ell' dôd. (Vergl. 216. 1026. 1641. — Auch Jever.)

1581. Lât uns tausâmen gân, segt de Snick tau'n Bâdengänger.
1584. Eile thut nicht gut, sagte der Schneck, ist sieben Jahr den Baum aufkrochen und doch wieder abakeit. (Wander. Kirchhofer.)

1588. Wenn't kümmt, kümmt in Hûpen! säd' de Snîder un krêg 'n poor Strümp tô versâlen. (Vergl. 789.)
1589. Wer's kann dem kommt's! sagte der Schneider, da kriegt' er auf Osterabend eine Hose zu flicken. (Fischart. — Neander. — Auch Jever. — Vgl. 36.)
1590. Frû, treck 't Schild in! sä de Snîder, de krêg op'n Wînachtsabend 'n pôr Strümp tô flicken. (Ostfr.)
1591. Kurz farzen die Böcke, sagte der Schneider und liess los. (Werra.)
1592. Der kann mit einem kalten Eisen bügeln, sagte der Schneider, er ist ein Meisterssohn. (Werra. — ?)
1593. Was einer hat, das hat er, sagte der Schneider, da liess er statt einer Kuh einen Bock aus dem Stall.
1594. Was Liebe nicht thut! sagte der Schneider, da küsste er den Bock zwischen den Hörnern. (Ebenso plattdeutsch. — Neander.)
1595. Dat Gebläute tüt, sag de Snîder, doa sprank 'e in 'n Dîk un trock den Zienbock wier herût. (Grafsch. Mark. Wander.)
1596. Doppelt g'näht hebt guet, sagt der Schneider. (Schwaben. — ?)

1588. Wann't kummt, kummt op'n mal, säd' de Snîder, un dar krêg he twê Pôr Strümp tô flicken, un dat op'n Wînachtabend. (Hambg.) — Et mehrt söck, segt de Snîder on kreggt ênen Strömp tô versâln. (Frischbier.)

1597. Dui wird recht, wenn se emôl Knöpf' kriegt, sagt der Schneider. (Schwaben.)
1598. Courage, verlass me net, wenn's angoht, verd'laufe, hat der Schneider g'sagt. (Schwaben.)
1599. Dat smeckt! segt de Snîder, harr de Zäg annen Nârs lickt. (Mecklenbg.)
1600. Ennelng Holt drâgt swâr, see de Snîder, dô stœnde he sück up sîn Ellstock. (Ostfr.)
1601. Grillen! see de Snîder, bêt in den Disk. (Ostfriesland.)
1602. Ein netter Krammetsvogel! rief der Schneider und verzehrte die Eule. (Hannover. Vergl. 213.)
1603. Zum Leben ist wohl wenig Hoffnung? sagte der Schneider, da hatten sie seine Frau secirt. (?)
1604. Es schadet nicht! sagt der Schneider, wenn er die Hosen verschnitten, — nur frisch Tuch her.
1605. Blut rinnt zusammen, hat der Schneider gesagt, hat den Geissbock in die Multen gestochen. (Lechrain. — Vergl. 648.)
1606. Wie man's macht, so ist's, hat der Schneider g'sagt, da hat er's Hosenthürlein hinten hingemacht. (Franken.)
1607. 't tüt sich all's tôrecht! säd' de Snider un sett't den Ârmel in't Taschenloch.

1607. 't treckt sich all nâ'n Lîw', säd' de Snîder u. s. w. (Mecklenburg.)

1608. Dat is putzig, sä de Snîder, dô wisk' he sick dat Swêt of. (Ostfr. K. & W.)
1609. Dat will'n hêten Dag worden, sä de Snîder, dô full he ût dat Bett mit de Nêrs in de hête Risebrêpott. (Ostfr. K. & W. Vergl. 760. 1492.)
1610. Viet, stêk wiet, nei sehr, et es för enne fremde Herr, sei de Snîder. (Meurs.)
1611. Ich kann das Hornvieh nicht leiden, sagte der Schneider und warf eine Schnecke über den Zaun. (Wander. — ?)
1612. Dear sollt' froh sein, wenn er brunzt hätt', sagte der Schneider, als ein alter Mann wieder heirathete. (? Schwaben.)
1613. Es klopft, hat der taube Schneider gesagt, da war das halbe Haus eingefallen. (Wander. — ?)
1614. Ruhig im Geist! sagt der Schneizenhöfer. (Tübingen.)
1615. Schît de Wand langst! segt Johann Schönfeld, brûkst kênen Maler. (Vergl. 1245.)
1616. Dat best' kümmt nâ! säd' Schönfeld, dôn wüsst he æwers nix mîer.
1617. Nu send wi am Eng, säd' Schönwald on batt tô'r Käst. (Preussen. Frischbier.)
1618. Ti tam ti und ti tam tichtig, so ist recht und so ist richtig, segt Michel Schörke. (Pr. Frischbier)
1619. Zü, dat schad't den Schelm nix, segt de Schriwer, wenn de Bûr Släg krigt. (Mecklbg. Vgl. 227. u. Var.)

1620. Geduld! säd' Schrîwer, da lêwe noch. (Lüneburg.)
1621. Dös wär fertig bis uf's Leime, sagt der Schreiner. (Schwaben.)
1622. Lât mî man ierst an't Geben kamen! säd' de oll Schröder, da lewt he noch. (Mecklenbg.)
1623. Da bin ich, sagt Schuch. (Lessing a. Nicolai. 1763. Vergl. 1364. 1446.)
1624. Eins und eins macht drei, sagte der Schulmeister, als er mit seiner Braut zu Bett ging. (Danzig.)
1625. Hopps über! segt de Schôlmeister, wenn de Kinner dat Wûrt nicht wêten.
1626. Ordnung muss sein, sagte der Schulmeister und nahm dem Knaben die Wurst. (Vergl. 198.)
1627. Uemmer 'ran an'n Bass, segt de Scholmeister un hâlt den Jung œwer de Bänk.
1628. Geduld! segt Schult. (Mecklenbg.)
1629. Dat seg 'k so man, segt Schult. (Mecklenbg.)
1630. Reig't juch Bûr'n! segt de Schult, de Eddelmann kümmt.
1631. Lât den Armen äuk liäwen! hadde de Schulte saght. (Grafsch. Mark. Wander.)
1632. Da Katt, hest 'n Backfisch, segt Schulten Mutter, is mîn' Dochter ehr Ihrendag. (Mecklenbg.)
1633. Hänge op, sied de Sghulte te Hoiing. (Mark. Woeste.)

1634. Ja Bauer, dös ischt was ganz anders! hat der sell Schultes g'sait. (Schwaben.)
1635. Einmal Schultes und net wieder, hat der Schultheiss g'sagt, wie man 'n abg'setzt hat. (Schwaben. — ? Vergl. 573.)
1636. Ach, ich habe viel zu bedenken, sagte der Schultheiss, da er im Bade sass und nit wusst', ob er gezwagt hatt'. (Fischart.)
1637. Sitzet nur still, ich bin auch arm gewesen, saget die Schultheissin. (Kirchhof, Wendunmuth.)
1638. Rönn ön't Füer, segt de ohl Schulz on geit bî sîne Mutter. (Preussen. Frischbier. Vergl. 299.)
1639. Wenn's man wôr is, segt Schûster, dar lêwt he noch. (Mecklenbg.)
1640. Die Worte sind gut, sprach der Schuster, hast du Geld, so kriegst du Schuh. (Sailer.)
1641. All mit Mâten, säd' de Schôster, do slôg he sîn Frû mit 'n Spannrêm. (Holstein. Vergl. 216. 1026. 1587.)
1642. Kinder mache ist armer Leut' ihr Brates, sagt der Schuster bei seinem zehnten. (? Schwaben. Vergl. 1437.)

1640. Gibst du mir Geld, so geb' ich dir Schuh, sagt der Schuster. — De Red' is gôd! säd' Rutenbarg, wenn ik't Geld hew, krîg'k ôk wol Schô.

1643. Dat 's blôt 't îerst'mal, säd' de Schôster, dar krêg sîn Frû acht Wochen nâ de Hochtîd 'n Jung'n. (Hambg.)

1644. Kuttenledder hält wî 't Donner un't Wedder! segt de Schauster. (Hildesh.)

1645. Twê Löcker hew't man, säd' de Schôsterfrû tô'n Quartiermâker, vör'n arbeit't mîn Mann un achter de Gesell. (Hambg.)

1646. Besser schäl dann fähl, sagt' einmal ein schielender Schütz.

1647. Alle Stoss eine, wie beim Katzemache, sagt der Schwabe. (Schwaben.)

1648. Es geht immer so sachte âne, sagen die Schwaben.

1649. Uf en, er ist von Ulm! saget d' Schwobe.

1650. Ich will dir's vergesse! ságt der Schwabe, aber Jockeli, denk du dran. (Vergl. 1550.)

1651. Der Hunger treibt Bratwürst nei, sagt der Schwabe. (Vergl. 998.)

1652. Wat de Dütsch doch vör Geld mâkt! segt de Schwed' un süt 'n Âpen danzen. (Vergl. 238.)

1652. Wat de Dütsch vör Geld mâkt, säd' de Bûr, dôr sêg hê'n Âpen. — Oder: — säd' de Franzos', dôr sêg he 'ne Sæg mit de Farken. (Mecklenbg.) — Was thut der Deutsche nicht um's Geld, sagte der Bauer, da sah er einen Bären tanzen.

1653. Dat kümmt up den Versök an, segt de Swînêgel tô'n Hasen. (Mecklenbg.)
1654. Verlêwt as'n Prêstermamsell! säd' de Swînhöder, da bîert de Sæg. (Hambg.)
1655. Wat de Sæg wol vör Fârken krigt? säd' de Swînjung, as de Paster anfüng em tô vermânen. (Hambg.)
1656. Wie man's treibt, so geht's, sagt der Schweinetreiber und nimmt die Sau beim Schwanz. (Preussen. Frischbier.)
1657. Wuttu Risch oder wuttu Rasch, wuttu Schîte fräten oder Gras? segt de Swên. (? — Hildesh.)
1658. Teif, Lorck, eck will deck de Klabusterbêren vor'n Mâse wegsnien, segt de Swên. (Hildesh.)
1659. Ich will doch gern sehen, wo es hinwill, sagt eine gute Schwester und brunzt ins Bett. (Oberösterreich. Wander. Vergl. 392.)
1660. Quale pecus tale stabulum, sagte der Sechste und trieb die Hummeln in der Kuh Hintern.
1661. Wat eck segge, dat segge eck luë, segt Seegers. (Hildesh.)
1662. Man muss das Böse mit Gutem überwinden, sagte der Seiler, da spann er Hanf über die Heede. (Schultze. Wander.)

Bat wârd nit alle füart Geld mâket! sach de Franzuse, doa süht hä en Jesel (Esel). (Grafsch. Mark. Wander.)

1663. Gottlow, dat du (d. Furz) wêge bist! segt Bûmesters Sîn' (sc. Sohn). (Hildesh. — Vergl. 403.)
1664. Guet gange, koim Baura ins Fenster, hat der Sell g'sagt, wie er 'n Jude troffe hat. (Schwaben. Vergl. 963.)
1665. Woher nehme und net stehle? hat der Sell g'sait. (Schwaben.)
1666. In dene Hose net, hat der Sell g'sagt. (Schwaben.)
1667. Umgekehrt ist au g'fahre, hat der Sell g'sagt. (Ulm.)
1668. Hopp, Lotte, hat der Sell g'sagt, ist über'n Stein g'fahre. (Schwaben.)
1669. Oins nach 'm andern, wie vor Altem, hat der Sell g'sait. (Schwaben.)
1670. Es muss Fleisch da sein, das Ding frist kein Heu! hat de Sell g'sagt. (Schwaben. — ?)
1671. Zweierlei Farb', sagt Seller und hat in d'Hoss geschissen. (Schwaben.)
1672. Hu! sag se (sie), da lag se; twei wollt se, drei brach se. (Sauerland.)
1673. Wo kann ik rîke sîn, ik hewwe de eiste Frau noch, sagte de Siegerlänner. (Paderborn.)
1674. Dat was 'ne Wohlthat! segte Sievers, as hei einen harre fahren lâten. (Halberst. Quedlinbg. — Vgl. 403.)

1672. Jeu! sach se, twäi woll se un dräi brach se. (Mark. Woeste.)

1675. 'Eschetten is nich 'emâlt! segte Sievers, as hei sîn Himme besah. (Halberst. Quedlinbg.)
1676. Man sacht! segt Sievert, dat geit in 'n Sand. (Mecklenbg.)
1677. Dat smeckt! säd' Sievert un hölt de Tung' ût 'n Finster. (Mecklenbg.)
1678. Wo kein Zwang ist, ist kein Ehr', sagte jener Sigrist, do schlug er seine Heiligen. (Seb. Frank.)
1679. Plume? segt de Sinagowitz ön göft doch Rosine. (Preussen. Frischbier.)
1680. Morgen ôk êten, segt Johann Smaal. (Hambg.)
1681. Gehorsamer Diener, saghte Hiär Smiëmann, do liäwede hä noch. (Mark. Woeste.)
1682. Wer weit wo et kômen kann, sä' Snurbusch, da fäll he von'n Bôme. (? — Halberstadt.)
1683. Ik will hoch h'rup! säd' den Bûren sîn Sœn un kêm an'n Galgen.
1684. De Hunger drifft et herin, säd' de Soldat, as he Speck up't Botterbrod leggde. (Eichwald. Vergl. 1063. 1870.)
1685. Gott gêw', dat ik 'winn! segt Blockdreier Sommer un prügelt sich mit sînen Lîrjungen. (Stralsund.)

1678. Ebenso sagt es der Pfaff. — Der Glöckner dagegen: Wo kein Zank ist, ist keine Ehr' u. s. w.
1685. In Mecklenburg ebenso vom Meister Mark gesagt.

1686. Dôr möt de Pump stân! segt Blockdreier Sommer.
1687. 'n Pîp Toback is gôd vör'n Hunger! säd' de Sonderburger. (Holst.)
1688. Möten em nêger kamen, säd' de Sparling, hett den Köster in 'n Nôrs bûgt. (Mecklenbg.)
1689. Stah stief, Knäkerbên, segt de Sparling tô'm Hadebâr. (Preussen. Frischbier.)
1690. Das laut, sagt' Spiess, hiess einer sein Vater ein Dieb und seine Mutter eine Hur. (Neander.)
1691. Lasst sehen, welcher es am ersten dem andern erlaidet, sagt' ein' Spinn', fiel sie in ein Pfeffer. (Fischart.)
1692. Drink êns tô, mîn lêw' Dûking, segt oll Spinnsch, helpt all mit satten. (Mecklenbg.)
1693. Das läppert sich zusammen, hat jener Spitzbube gesagt. (Werra. Vergl. 384.)
1694. Wat helpt't Reden, segt Spölk, de Näs' is weg. (Mecklenbg. — Vergl. 338.)
1695. Ihr Kinder, sagte die Stadtschreiberin, Bauersgulden kosten in der Stadt nur drei Batzen. (Werra.)
1696. Gegen meck kummt keiner up! säd' de Stadtsoldat un sprung œwer'n Strohhalm, dat em de Hâre up dem Koppe sûseten. (Hildesheim.)

1694. Anderwärts steht statt: Spölk — Buck, und statt: de Näs' — dat Hûs.

1697. Dat 's 'n êgen Sâk! segt Stâk, vêl Fideln un wênig Geld dôrvör.
1698. Nû noch ês un denn nich mîer! hett oll Stâk segt, dôr frîgt he de vierte Frû.
1699. 't will all sîn Rök' hebben! hett oll Stâk segt, Kinner êr Släg' un 'n oll Mann sîn warm Berr.
1700. Ei ei! sagt der Steckbohrer.
1701. Das gesteh ich! segt Vader Stef heilig, do gung he sitten. (Hambg.)
1702. Des lot ma gealta, sagte der Steffa von Reuthe, als er zur Magd liegen wollte und sie nirgends fand. (Schwaben. Birlinger.)
1703. Die Farbe ist gut, sagte Steffen und guckete Greten untern Rock. (Vergl. 14.)
1704. Anner Lüd' sünd ôk Lüd', see Klâs Steffens, dô lêwt he noch. (Ostfr.)
1705. Hem! sagte Steffen, da wusst er nichts andres. (Vergl. 73.)
1706. Is all egal, is ganz egal, segt Vatter Steffen. (Hamburg.)
1707. Dôr stân wi Fisch! säd' de Stekling tô de Snick. (Auch bei Seb. Frank.)
1708. Ik möt de Sâk up den Grund kâmen, sä' de Stêrnkieker, da full he in den Sôd. (Mecklenbg.)
1709. Ik sê dî mîn Lêwen nich weer, see de Stüermannsfrû, dô snôf se sück in't Water, un hör Mann gunk up de Reise. (Ostfr.)

1710. De Kêrl is dat Wicht werth, sä de Stêfvaar, do gaw he dat Wicht 'n Gardner. (Ostfr. K. & W.)
1711. Dâr ha'i't, see Domine Stiermann, wenn he't ût had. (Ostfr.)
1712. Es ist Gottes Wille und Gottes Wehr, sagt Stöhr, da lew' hei noch. (? — Wander. — Lüneburg.)
1713. Varrer, is dat jûch' Bengel? segt Stoppel, dat ward 'n grôten Slœks. (Mecklenbg.)
1714. Hem! segt Strem, dôn lêwt he noch.
1715. Holl Sträk, segt Struk un krigt sîn Frû bi'n Bûk.
1716. Vom Himmel hoch, da komm' ich her! süng Stüfke, da fêl he von'n Schündack.
1717. Dar springt ên dat Füer bi ût de Ôgen, sä Peter Stump, as he gegen den Bôm rennde. (Bremen.)
1718. Mannshand doch oben! schrie der Suppenseiler und reckt' den Arm in die Höh', als seine Frau ihn durchgeprügelt und unter die Bank gesteckt hatte. (Werra. Vergl. 1261.)
1719. Dat was bîtô, sä Swartze, do wêr he van't Steg in't Wâter full'n. (Bremen.)
1720. Sau wecke! segt Swetge, da slaug hei sîne Frû. (Hildesheim.)

1715. Gôd Sträk, segt Strûk u. s. w.

T.

1721. Wâ'r et af! sächt Tacke. (Halberst.)
1722. Kein Regele ohne Ausnahm', sagte Taffel, da wollt' er seine Magd Regine (Regele) küssen. (Tübingen.)
1723. Das lässt sich hören, sagte der Taube, da kriegte er eine Ohrfeige. (Vergl. 287. 785. 797.)
1724. Gôd gêt't, säd' Tin Teed un lêg in'n Addelpôl. (Holstein.)
1725. Ruhe, du bist gut! sä' de Düwel, do harr he Sägebârg drâgen. (Holst. Müllenhof, Sagen.)
1726. Dat's baschen Tobak, säd' de Düwel, as de Jäger em in't Mûl schâten harr, un spîgt de Hagelküern ût. (Hambg.)
1727. Ja ja, ehre twei op ênem! säd' de Diewel, as hei söck möt dem Knecht rangd'. (Preuss. Frischbier.)
1728. Gliek bi gliek, segt de Diewel tô'm Schornstênfeger, öck si schwart on du nich witt. (Preussen. Frischbier.)

1722. Nulla regula sine exceptione, sagte Taffel, als er seine Magd Regele ausgriff. (Tübingen.)
1723. Dat lett söck hören, säd' Jenner on krêg fer't Ohr. (Preussen. Frischbier.)

1729. Glîch bî glîch! sacht der Düwel, du sprong he op'n Kohlegits. (Aachen.)
1730. Lîk un Lîk gesellt sich, säd' de Düwel, dôr kêm he tô'n Kahlenbrenner. (Auch Holstein und Sprichw.)
1731. Prost! segt de Diewel tom Kahlebrenner on nennt em sînes Glîke. (Preussen. Frischbier.)
1732. Gleich und gleich gesellt sich! sagte der Teufel, und wischte den Ars an einem alten Weibe.
1733. Lîk un Lîk hürt tohôp! säd' de Düwel, dôr härr he 'n Avcaten, 'n Snider, 'n Wewer un'n Möller in'n Sack.
1734. Hollah, hollah! sagte der Teufel, fing 'n Schuster, frass 'n Schneider und schiss 'n Kürschner.
1735. Suorte bi Suorte, sach de Düwel, da suorterde he Hucken un Fuörske. (Woeste.)
1736. Suorte bî Suorte, sach de Duiwel, do dä hai'n Pâpen un'n old Wîf binäin. (Mark. Woeste.)

1730. Gleich sucht sich, gleich findet sich, sagte der Teufel, da kam er u. s. w. (So Sprichw.) — Suorte bi Suorte, s. d. D. un pock ên Schuostênfiäger. (Woeste.)
1732. Ebenso: sagte der Teufel zu einem Kohler. (Seb. Frank. — Neander.) — Ebenso: sagte der Teufel, wuscht er den Ars an eim Kohler. (Seb. Frank.) — Ebenso: sagte der Teufel, beschor eine schwarze Sau. (Luther.)

1737. Usus facit artem, sagt' der Teufel und schindet eine Kuh mit einem Börer. (Neander.)
1738. Wer kann, der kann, hat der Teufel g'sagt, hat sein Weib mit dem Heuliechel g'schunden. (Sutor.)
1739. Ist einer frumm, sind sie alle frumm, sprach der Teufel, setzet er seine Kinder an die Sonne. (S. Frank.)
1740. Dat is mî sôn Tüg, segt de Düwel, as he Poggen op de Kôr lôd', wenn'k ên herop bört hew springt de anner wedder h'runn. (Hambg.)
1741. Dat öss doll Volk! segt de Diewel on hefft e ganze Sack voll Katte. (Preussen. Frischbier.)
1742. Teh, Witter! segt de Diewel tom Schorstênfeger. (Preussen. Frischbier.)
1743. Smak! har de Döüwel saght, do smit hä 'ne olle Fôt an de Wand. (Mark. Woeste.)
1744. Lûk ût, had de Düwel segt, hat 'n Aptheker bî't Bên krêgen. (Ostfr.)

1740. Dat sünd mî schöne Christen, sä de Düwel, as he 'n Kâr vull Pogge harr, wenn se (?) füör en opset'n (?), da sprungen achter twê werder 'raf. (Dithm. — Wander. — ?) — Dat sünd mi Gäste! s. d. D., do harr he 'n För Poggen upper Kâre, sett ik ênen up, fallt mi de annre 'raf. (Bremen.) — Dat es ôk so Tügelken etc. (Grafsch. Mark.)

1745. Ênfach æwers nüdlich! säd' de Düwel und strêk sich 'n Stârt ârftengrön an. (Auch Preussen.)
1746. Viel Geschrei und wenig Wolle! sagte der Teufel und zog seiner Grossmutter die Haare einzeln aus dem Hintern.
1747. Vêl Geschrî un wênig Wull! säd' de Düwel un schêrt 'n Swîn. (Vergl. 1907.)
1748. Dat môt doch Woll afgewe, segt de Diewel on schêrt de Pogg. (Preussen. Frischbier.)
1749. Dat was doch nêt hêl miss, sä de Düfel, dô smêt he sîn Grôtmôder dat ên Oog' ût. (Ostfr. K. & W. Vergl. 963.)
1750. Det Oeller geit vär, säd' de Diewel on smêt sîne Grossmutter de Trepp runder. (Frischbier. Vergl. 917.)
1751. So kümmt Gotts Wurt in Schwung! säd' de Düwel un smitt de Bibel œwern Tûn. (Auch Holst.)

1745. Ebenso auch hochdeutsch. — Einfach und ohne Prunk! säd' de Düwel u. s. w. (Flensbg.)
1747. Ebenso hochd. und niederd. vom Narren, Schäfer, von Schmied'. — Vil geschrey wenig woll, sprach jener schäffer, schlug er ein Saw. (Seb. Frank.) — Völ Gekrît un weinig Wulle, etc. (Ostfr.)
1751. Gottes Wort kömmt in Schwung, sagt de Düwel un schmött siner Grossmutter de Bibel an'n Kopp. (Frischbier.)

1752. Hart gegen hart! sagte der Teufel und schiss gegen das Donnerwetter. (Neander. Vergl. 446.)
1753. Hârt gegen hârt! säd' de Düwel un sett't 'n Nôrs an'n Stên. (Vergl. 292.)
1754. Dat was hârt! säd' de Düwel un schêt an'n Amboss.
1755. Dat wär ên, säd' de Dûwel, da grêp he'n Snîder. (Flensbg.)
1756. Besser ichts denn nichts! sagte der Teufel und ass die Buttermilch mit der Heugabel. (Auch Jever. Vergl. 535.)
1757. All bâde helpt, sä de Düwel, as he de Botter mit de Heuforkn êt. (Oldenbg. Vergl. 1774.)
1758. Elk sin Mœge! säd' de Düwel, dô êt he Torf mit Thêr. (Oldenbg. Vergl. 197. 933.)
1759. Wie die Welt auf und nieder geht! sagte der Teufel, da sass er auf dem Brunnenschwengel. (Vergl. 623.)
1760. Viel Köpfe, viel Sinne! sagte der Teufel, da hatt' er ein Fuder Frösche geladen.
1761. So will ich's haben! sagte der Teufel, da rauften sich die Mönche. (Neander.)

1754. Bei Neander: — sagt' jener, schiss wider ein Amboss.
1755. Das ist einer, sagte der Teufel, da kriegte er den Schneider bei den Beinen.

1762. Das heisst Säu geschwemmt! sprach der Teufel und ersäufte einen Wagen voll Mönche. (Luther, Tischreden.)

1763. Wie das Gebet, so ist auch das Räuchwerk, sprach der Teufel, da ein Pfaff im Bett Complet betet und sich bethöret. (Luther an Amsdorf.)

1764. Es ist Viehe und Stall, sprach der Teufel und trieb seiner Mutter ein Fliegen in den Hindern. (Luther, Wider Hans Wurst. Vergl. 805.)

1765. Es sein Worte, sprach der Teufel, kam er über ein Messbuch. (Vergl. 282.)

1766. Verba sunt! sagt' der Teufel, warf den Psalter die Stiege hinein. (Neander.)

1767. Es ist ein unnützer, ertichter, angemasster Ruhm, sagt' der Teufel, da warf er ein Psalterium die Stiegen hinab. (Kirchhof. Wendunmuth.)

1768. Du bist ein frommer Schalk, sagte der Teufel zum Einsiedler. (Agricola.)

1769. Ich weide meine Schafe, sagte der Teufel, da machte er die Mönche trunken.

1770. In medio consistit virtus, sagte der Teufel und sass zwischen zwei alte Weiber. (Fischart.)

1763. Wie das Gebet, so ist auch das Reuchfass, sagt' der Teufel zu einem Messpfaffen, da er einen Fortz liess. (Neander.)

1771. Virtus in medio! sagte der Teufel, da ging er zwischen zwei Huren.
1772. Best in de Mirr! säd' de Düwel, dôr ging he twischen twê Pâpen. (Vergl. 1411.)
1773. Der's Mittel trifft, trägt's Best' davon, sagte der Teufel, der den Mönch an der Kordel zog, da ihn zween Engel bei Kopf und Füssen zogen. (Fischart.)
1774. Variatio delectat! sagte der Teufel, und ass die Butter mit der Mistgabel. (Vergl. 1757.)
1775. Nu hew ik't Spill up'n Wagen! säd' de Düwel un härr 'n oll Wîw up de Schûvkôer. (Vergl. 42.)
1776. Ik hew kên Tîd nich, säd' de Düwel, ik schall nâ Wackerballig tô Hochtîd. (Holstein. Angeln.)
1777. Was grob ist, ist stark, hat der Teufel gesagt, hat mit der Sperrketten seiner Mutter das Loch vernäht. (Lechrain.)
1778. Spass möt sîn, se' de Düwel un renne sîner Grossmutter de Gräpe in't Lîw. (Hannover. — Vergl. 711. 1149. 1208.)

1771. In medio consistit virtus, s. d. T., sass zwischen zweien alten Huren. (Neander.)
1772. De wrêdste in't Midden, see de Düwel u. s. w. (Ostfriesland.)
1775. Dar hew' ik dat Spill op 'n Wagen, sä de Bûr, do harr he den besôpenen Muskanten up de Kâr. (Oldenbg.)

1779. Ratsch! sagte der Teufel, als er seiner Grossmutter die Haare von der Küche blies. (Werra.)
1780. Wat olt is dat ritt! säd' de Düwel un rêt sîn Grossmôder 'n Ûr av. (Auch Oldenbg.)
1781. Dat is 'n anner Ôrt Krêvt! säd' de Düwel, dôr härr he sîn Grossmôder in de Rüs' fongen.
1782. Funtas! see de Düwel, fund he sîn Moor in 't Hoorhûs. (Ostfr. Vergl. 887.)
1783. Lock is Lock! säd' de Düwel un stök 'n Schwans in de Thêrtunn.
1784. Lock is Lock! säd' de Düwel un föllt in 'n Schostên. (Auch Bremen.)
1785. Wer 'n lang hett, lätt 'n lang hängen, säd' de Düwel un härr 'n Latt in'n Nôrs.
1786. Dat is't letzt'! säd' de Düwel un schêt dat Hârt ût.
1787. Dat dickst' Enn' is achter! sä de Düwel, do schet he holten Schüppen. (Ostfr. Vergl. 445. 528.)

1782. Fundus! sä' de Düwel, da funn he sîn Grossmôder besapen in'n Rönnstên. (Mecklenburg.) — Oder: da foant e syne Mämme imme Askenweke. (Büren. Wander.)
1785. Ebenso: säd' de Düwel, do trock he den Swans ût de Büxen. (Flensbg.) Wer lang hat, lässt lang hänge, hat der Teufel g'sagt, wie ihm der Schwanz unte 'raus guckt hat. (Schwaben.)

1788. Dat Krût kenn' ik! säd' de Düwel un sett't sich mang de Brennnetteln.
1789. Ik kenn dat Krût, säd' de Düwel, do harr he Weëndungel fräten. (Bremisches Wörterb.)
1790. Malle Planten! sä de Düwel, do sêg he de Krüz' op den Karkhof. (Oldenbg.)
1791. Wo man singt, da lass dich ruhig nieder! säd' de Düwel un sett't sick mit 'n Ôrs in'n Immenswarm. (Holstein.)
1792. O quam suavis musica! sagte der Teufel und blies der Sau in den Hintern. (Vergl. 42. 904.)
1793. Dat krigt ôk'n Enn'! säd' de Düwel op'n Buss- un Bäd'dag. (Holst.)
1794. Dat wöll wi stân lâten! säd' de Düwel un ging bi't Krüz vörbî. (Holst.)
1795. Viel hilft viel, sagen die Theriakskrämer.
1796. Du bist mir z'jung, sagt der Thierarzt von Frickingen. (Neresheim.)
1797. Ja ja, ja ja, segt Thomas, da lêwe noch. (Hildesh.)
1798. Jhr Leute, wenn's das Leben betrifft, so sagt's mir nicht, hat Thor-Wölm gesagt. (Werra.)
1799. De Minsch möt spôrsam sin, segt oll Tîdsch un kakt Sêp ût Mûs'kœtel. (Mecklenbg.)
1800. Lat mî rût, segt de Tiedmann un stund var et Hofdohr. (Preussen. Frischbier.)
1801. Immer zu! sagt Tieger. (Holstein.)

1802. Dar is't Ei! segt Timian un kackt sîn Frû in ne Hand. (Mecklenbg.)
1803. Dat schall mi nich wedder passêrn, sä Jan Timm, do moss he nâ 'n Galgen. (Bremen.)
1804. Wo de Messwag' nich henkümmt, kümmt Gott's Segen ôk nich, Herr Paster, säd' Jan Timm. (Mecklenbg.)
1805. Schîten is ôk ne Kunst, segt Jan Timm. (Mecklenburg.)
1806. So was klebt nicht, sagt jen' Tischler und spuckt auf's Holz. (Preussen. Frischbier.)
1807. Mein Vater ist der Höchste in Konstanz, sagte die Tochter des Thürmers. (Vergl. 190. 880.)
1808. Man legt die jüngsten Kinder insgemein zum ersten ins Bett, sagte jene Tochter, als ihre ältere Schwester vor ihr verheirathet ward. (Winkler.)
1809. Oemmer mehr, segt de Dôd. (Preussen. Frischbier.)
1810. Siehe, vor dat Holl hûdete ik mî nich, segt Simon Tode. (Sastrows Chronik.)
1811. Wer vör de Höll wânt, segt Peter Todens, mutt mit'n Düwel gôd Fründ sin. (Mecklenbg.?)
1812. Da sucht, wo die meisten Mauslöcher sind, da ist der Müller begraben, sagte der Todtengräber, da man ihn nach des Müllers Grab fragte. (Werra.)

1802. Wat segst tô dit Ei? u. s. w.

1813. Was gibt's d'rmit, ich hab' mir halter das Loch nicht abgewischt, hat jener Töllfelder gesagt, als er ins Bett geschissen. (Werra.)
1814. Meine Werke folgen mir nach! sagte der Töpfer und fiel mit dem Ofen um. (Vergl. 1138.)
1815. Besser eine alte Kachel als gar keinen Ofen, sagte der Töpfer, da er eine Alte heirathete. (Wander. — ? —)
1816. Kreuzdonnerwetter, segt de Petter, öss dat ohle Wîw keine Grosche werth. (Preussen. Frischbier.)
1817. Dat will 'k dî smêren, segt de Pottlapper, mîn Mûl mit Speck un Fett un dîn Hals mit Ohrfîgen. (Ostfr. K. & W.)
1818. Jung', holl den Aben wiss, säd' de Pötter, ik will ierst Geld hâlen. (Mecklenbg.)
1819. Gott help uns all drütteign! säd' de Pötter und fêl mit twölf Pött von Bœn.
1820. Uemmer mîer Lehm! segt de Pötter.
1821. Will'n em dôd slân! segt de Pöttjer von Duingen, un mit Geller betâlen. (Kahlenb.)
1822. Bârg un Dâl ligget stille, Minschenkinder moitet seck, segt Tostmann. (Hildesh.)

1819. Ochär, wie arme dartein, sä' de Pottbacker un fullt mitten Duz Pött vannen Böhn. (Jever. S. Frommanns d. M. Januar 1856. — Ebenso auch hochdeutsch.)

1823. Ich kann nicht, sagt der Träge. (Wander.)
1824. Lât wesen! säd' Trin un slêp bi'n Kês'höcker vör'n Pund Botter. (Holst. Vergl. 384. Var.)
1825. Glöbet ju denn, ek bin sau eine, dä seck lött? segte Trînfieke, aber dabü böre se schon den Rock in de Höchte. (Halberst. u. Quedlinbg.)
1826. Gott gesegn's in sieben Jahren, spricht der Trinker, sieben Jungen und ân Gohtlob. (Oberlausitz. Wander.)
1827. Nu puss, Copral! segt de Trummelsläger, Sergeant will pissen. (Hambg.)
1828. Frösch ön de Woll, segt de Dôkmâker on spönnt Klunker. (Preussen. Frischbier. Vergl. 1217.)
1829. Hoho, fall er man nich um! sagt Tuckermann.
1830. Teuf mann! segt Tuckermann. (Halberst.)
1831. Wart's ab! sagt Tuckermann. (Mersebg.)
1832. Eck prûste deck wat, sä' de Tûnegel tau'n Hunne, da harr 'e seck upperullt. (Hildesh.)

U.

1833. Besser ein klein Feuerchen als kein Feuerchen, sagte der Uehmbast. (Eifel. Wander.)
Ûlenspêgel siehe Eulenspiegel.

1828. Ja wol, segt de Dôkmâker on kämmelt Klunkre (Preussen. Frischbier.)

1834. Zahle macht Fried'! saget s' in Ulm. (Schwb.)
1835. Nulla dies sine Linea! segt Ülzen, un ligt in'n Rönnstên. (Rostock.)
1836. Es geht nie in der Rieh, sagen die Urnhäuser. (Werra.)

V.

1837. Strunt up de Strât, Wichter ût'n Hûse, see de Vaar, as sîn beide Dochters tômâl trauden. (Ostfriesland.)
1838. Kinder müssen sich ausgampen, hat der Vater gesagt, ist ihm's Kind aus der Wiegen gefallen. (Lechrain. — Vergl. 1873.)
1839. Kömmt Tîd, kömmt Rath, säd' de Vatter — awer nich Hochtîd, ok nich Heirath, säd' de Dochter. (Preussen. Frischbier.)
1840. Du loep jo un legge di Morra uppen Kop, dette to Verschtant kümmst, säd de Vota, as de Söen wat vakiat moekt had. (Ukerm. Engelin.)
1841. Hör Moor, wat slubbert uns' Klas in't Latin, sä de Vaar, do satt de Jung achter de Döre un att Karmelkbree. (Ostfr. K. & W.)
1842. Holt, Junge, widder hew ek mînen Ollen ouk nich trocken, hadde de olle Vâr saght, as 'ne sîn Suen med de Hoar bit oppet Sül sliped hadde. (Mark. Woeste.)

1843. Wenn du deck gut hälst, sau sast du ôk ên Kêrel hebben, de reine vor'n Mâse wegschitt, segt de Vader. (Hildesh.)
1844. Errare est humanum, sagte Pater Veit, als er sein Sauerkraut mit der Heugabel ass. (Schlesien. — Wander. — ?)
1845. Omne nimium vertitur in vitium, sagte der Vierte und verkaufte die Braut für einen Kreuzer.
1846. Schlît dîn Tîd, segt dat Vœgelken. (Mecklenbg. — Siehe auch Briefe des Hamburg. Bürgermeisters J. Schulte. — Vergl. 41. 325. 441. 1036. 1507. 1524. 1851.)
1847. Gott Lob un Dank, segt Vuagelsang, von'n Sparnbierge to'en Tuchthuase is hümmer Schassee. (Ravensburg.)
1848. Ehrlich währt am längsten, wird aber nicht viel straplizirt, sagt der alte Vogt. (Werra.)

Voss siehe unter Fuchs.

1849. Det löpt wiet, seth Vosberg. (Meurs.)

1845. Als Sprechenden führt Wander an „der Bräutigam," aber ohne Quelle.

W.

1850. Frîheit gêt vör Gold! segt de Wachtel un flücht in't Holt.
1851. Flick de Büx! segt de Wachtel. (Vgl. 1846. etc.)
1852. Marsch in die Winterquartiere! sagte der Wachtmeister und setzte die Laus vom Bart unter die Binde.
1853. Ganz platt voll und no (nur) zwei Kreuzer! sagt der Wagenblast. (Schwaben. — ? Vergl. 776.)
1854. Up'n Puckel, säd' Wâk, un nich up'n Kopp, dôr brök he den Möller dat G'nick.
1855. Gott schuf Menschen! segt Warburg, æwerst se sünd ök dôrnâ. (Mecklenbg.)
1856. 't Water tiärd, segget de Waskewîwer. (Mark. Woeste. Vergl. 529. Var.)
1857. Kacke du man hen, et is'r ganz reine, segt de Frû Wâse. (Hildesh.)

1850. Freyheit geht vor Gelt, sagt der Vogel und flog ins Holtz. (Lehmann. Sailer.)
1852. Laus in dein Winterquartier! sprach der Capuziner, als er sie vom Bart in den Zipfel setzte. (Eiselein.)

1858. Et sall sech wat dûken! sei de Wewer, do sprung he met de Bein dor et Tau. (Meurs.)

1858a. Dusend Dâler oder 'n Schät, seggt Wewer Eisen (wenn er von der Mitgift seiner Töchter sprach). (Richtenberg, Pommern.)

1859. En bettchen scheif hett Gott leiw, segt de scheife Wehrhahne. (Hildesh.)

1860. 's kommt mer! hat's alt Weib g'sagt, wo se tanzt hat. (Schwaben. Vergl. 562.)

1860a. Mei Hearz und mei Mag' und mein Brust und älles thut mir wai, hat sell Weib g'sait, wo sie hot den Kopf an die Stubenthürschnalle hingeschlagen. (Sindelfingen.)

1860b. Ihr bringet mich zehn Jahr bälder unter den Boden, hat das Weib gesagt, da hat sie eine Floh verbisse. (Sindelfingen.)

1861. Alle Handwârken sind smêrig, see den Köster sîn Wîf, dô krêg se'n End Kêrs ût de Kark. (Ostfr. Vgl. 1030.)

1862. Well hat dat dacht, dat wî so'n Nâwinter kregen, had dat Wîw segt, had hör Underrock all um Sünt Marten verköft. (Ostfr. — Vergl. 551. 676.)

1863. De Weg môten se all an, see't Wîw, dô fôren se mit hör Mann nâ de Galgen; un Gottlov, dat't von mîn Volk nüms is. (Ostfr. — Vergl. 526.)

1861. Alle Aemter sind schmierig, sagte des Küsters Weib und stahl eine Kerze. (Winkler, Gute Gedanken)

1864. I bin doch no nie am Pranger g'stande wie du, sagte das Weib zum Mann, der für sie zum Pranger verurtheilt worden war. (? Schwaben.)
1865. Herz im Leib, spricht's Kesslers Weib. (Schwaben.)
1866. Alte Küh' schlecke au gern Salz, sagte das alte Weib, als sie einen jungen Burschen heirathete. (Schwaben. Vergl. 514.)
1867. Schönheit vergeht, aber Tugend besteht, segt dat ohle Wîw on liggt öm Rönnstên. (Preuss. Frischb.)
1868. Ik sin sîn Wîf un sîn Fel, hai kann mi 'sloan, batt'e wel, hadde 'me Düppenkrämer sîn Wîf saght. (Mark. Woeste.)
1869. So hett't sêten, see dat olde Wiw, dô hadde se de Pisspott kört smêten. (Ostfr.)
1870. Sünig, sä't Wîw, do brâdde se 't Speck in Botter. (Ostfr. Vergl. 1063. 1684.)
1871. Jo grötter Hären, jo mär Beswären, sach't oll Wîf in Hagen. (Woeste.)
1872. Ich bitt' und bitt', lass ab nur nit! sprach das Weib zum Mann.
1873. Jung' Welt is lustig! säd' 't oll Wîw, un lêt 't Kind ût de Kîp hüppen. (Vergl. 1838.)

1869. — säd' jen' Frû, as se den Pott entwei smêten harr un de Stücken tôsâmen passt. (Mecklenbg.)
1873. De Jugend is wild, hadde de Beadelfrû sagt, do was ear dat Kind ut der Kîpe fallen. (Paderborn.)

1874. Herr, wie du willst; doch wisse, ich eil' noch nicht, sagte das schwerkranke neunzigjährige Weiblein. (Riehl. — Vergl. 1474.)
1875. Ju! saget d' Weigersheimer. (Ulm.)
1876. Dei dumme Kerel blässt in dat harre Horen, un et giwt doch sau vêle weike Âslöker, wo hei 'rint blasen könne, segt de Garenbinner Wenzel. (? — Hildesh.)
1877. Du meinst ôk wol, Kauschîte is Botter? segt de Wenzelsche. (Hildesh.)
1878. Es ist kein Fried im Schloss, sagt Hans Weser, traf ihn ein Schloss, als er den Kopf zum Fenster ausstosst. (Fischart.)
1879. Wat sünd ji vör Minschen! säd' Westphal tau sîne Swîn, as se den Kaben ümstött harrn. (Mecklenbg. Vergl. 483.)
1880. Kom os du büs, ik hewe ouk nain Hemd an, har't Wicht saght. (Mark. Woeste.)
1881. Is 'ne Pracht! segt Widal, mâkt Platz, mîn Dochter kümmt.
1882. Ersch ête, segt Wienson on lêt dat Holt driewe. (Preussen. Frischbier.)

— Alles wat jung is, dat springet, sagte dat Pottewîf, dô sprong iar dei Blage ût diär Kiepe. (Arnsberg. Wander.)

1883. Ordnung môt er in de Welt wesen, see Mêster Wilkens, dô förden se hüm nâ't Spinnhûs. (Ostfriesl. — Vergl. 713. 1054.)
1884. Holt Bröring, ik sitt noch nich ordntlick, segt Bäcker Will, as he 'ne Mîl fürt wier. (Mecklenbg.)
1885. Ich bitte sehr, wie Will sagt. (Preuss. Frischbier.)
1886. Et kümmt wêer 'rüm, segt de Windmülder. (Schambach.)
1887. Ich hätsch auch mit! sprach jener Wirth, den führte man mit seinen Gästen an Galgen zu'n dürren Brüdern in den Feldorden. (Seb. Frank.)
1888. Dat is man ên vör de Frâg', säd' de Wert un smêt den Schôster tô'n Hûs' h'rût. (Holst.)
1889. Dicken Drank mâkt fette Swîn, säd' de Werth, dar schenkt he Bier in. (Hambg.)
1890. Ik füer in 'ne Kutsch, segt oll Witingsch un sêt mit 'n Nôrs in'n Rönnstên. (Mecklenbg.)
1891. Ik glöw't allên! segt Andres Witt, wenn 't all Lüd' glöwen.
1892. Bramwîn is 'n goden Sluck, Musik is lustig un dusend Dâler 'n gôden Sûpschilling, segt Witt. (Mecklenbg. — Vergl. 1549.)
1893. Mârkst Müs', mârkst Müs'? säd' Krischan Witt, da lewt he noch. (Mecklenbg.)
1894. Prost is ôk 'n Trost, säd' Krischan Witt. (Mecklenb.)
1895. Hackmack un Fegesack! segt Lutjen Witter. (Hildesheim.)

1896. Wer langsam geht, kommt auch zum Ziel! säd' de Wittfrû, trück îerst Hemd un Strümp ût. (Hamburg.)
1897. Vor Ostern wird nun doch nichts d'raus werden können, sagte jene gute Wittwe, als ihr die Freunde auf dem Heimwege vom Begräbniss ihres Mannes zuredeten, den Gesellen zu freien; und das war am Charfreitag gewesen. (Werra. Vgl. 533.)
1898. Ich komme doch noch in's Dorf! sagte der Wolf, da hatten sie ihn hinausgejagt.
1899. Gleich und gleich gesellt sich gern, sagt der Wolf zum Schafe. (Sutor.)
1900. Das Saure macht mich essen, sagt' der Wolf, frass einen Esel aus einem Nesselbusch. (Neander.)
1901. Es ist besser ichts denn nichts, sagt' der Wolf, schnappet nach einem Schaf und kriegte eine Mücke. (Neander.)
1902. Na nu! segt de Wulf tô 'r Su, on da nehm he se ôk all. (Preussen. Frischbier.)
1903. Ik wâr' kên Nârr' sîn! säd' de Wulf, un lât mi von't Schâp bîten.
1904. Es geht klein her, sagte der Wolf, da er Schnacken frass. (Vergl. 616.)

1901. Besser ichts denn nichts, sagte der Wolf und schnappte nach der Mücke.

1905. Es ist besser etwas dann nichts, sprach ein Wolf, verschlang er ein Schnacken. (Seb. Frank.)
1906. Nicht um meinetwillen! sagte der Wolf, aber ein Schaf schmeckt doch gut.
1907. 'n grout Geschrai, ower wennich Wulle, harre de Wulf saght, do harre 'ne Zië terrieten. (Mark. Woeste. Vergl. 1747.)
1908. Eck kann 'r nich vor, sä' de Wulf, da draug he en Schâp weg. (Hildesh. — Vergl. 1533.)
1909. Die Worte sind gut, sagte der Wolf, aber in's Dorf komme ich doch nicht.
1910. Es sind vergebene Reden, sagte der Wolf, da man ihn wollt' in's Dorf locken. (Seb. Frank. — Vergl. 618.)
1911. 't is tô lât, segt de Wulf, do iz he mit 'n Stärt in't Îs fast frârn. (Jever. — Ebenso hochdeutsch. — Vergl. 613. 1070.)
1912. Ein Stimm und Gedön bleibt es, sonst nichts, sagte der Wolf zur Nachtigallen. (Sprichw.)
1913. Dat is Düerkôp-Brand! see Woltert, dô leh he de Viole up't Füer. (Ostfr.)
1914. Wollt ihr einen Trunk? sagen die von Worms. (?)
1915. Dat weer bîtô, Jann, sä' Wübbke, do was he nett vör't Singen ût de Karke gân. (Ostfr.)

1909. Die Worte sein gut, sagte der Fuchs, aber nei ins Dorf gehni nit. (Voigtland.)

1916. Hier kâm ik! säd' Kanter Wulf, dôr full he ût de Lûk. (Holst. — Vergl. 257. 1443)
1917. Heraus müssen sie alle! sagt der Wurmdoctor.
1918. Holla Rumposcher! sagt der Wurmlinger und nimmt dem Anderen etwas vor der Nase weg. (Schwaben. Birlinger.)

Z.

1919. Alle Händ' voll tô dohne, segt de ohl Zahlmann on heft man êne. (Insterburg. Frischbier.)
1920. Kumm'n bêten 'ranner! segt Zanner. (Mecklenbg.)
1921. Ôk gôd, sä lüttje Zanner, as he innen Bêk fullt. (Bremen.)
1922. Dat was gefält, hadde Zi'en-di'erk sacht, da hadd 'e der Zi'e 'n Bart afmaken wollt und iär den Hals afsni'en (Woeste. — Vergl. 1559.)

1917. 'raus muss er, sagt die Wurmfrau. — Rût motte se, segt de Wormdocter. (Frischbier. Wander.)
1922. Dat war fehlt, sä Hans, dôr harr he 'n Zêg' 'n Bârt avsnîden wullt un harr ehr 'n Hals avsnêden. (Ostfr.) Oder: s. Hittendiyrk, da woll he der Hitten den Bart afhoggen un hogte ear de Sniute af. (Wander.)

1923. Mager öss kein Fehler, twintig Jahr kein Oeller, segt de Zigêner. (? — Preussen. Frischbier.)
1924. Kantholz, säd' de Tömmermann on schmêt sîne Frû ût em Bedd. (Preussen. Frischbier.)
1925. No schadt nicht; up enen Schlag geft der Buer de Dochter nich furt, sagte der Zimmermann, als er einen Keil einsetzen wollte, welcher bei dem Schlage wieder herausprallte. (Magdebg. — ?)
1926. Buën is ne Lust, wat et kost't, hew eck nich ewusst, segt de Timmermann. (Hildesh.)
1927. 't is'n Meisterstück, säd' de Timmermann, harr 'n Hunnenhütt bugt un't Lock vergêten. (Hambg.)
1928. Was Menschenhänd' nit alles machen können! hat der Zimmermann g'sagt, hat das Thürlein (zum Schweinstall) an die Mauer hing'setzt. (Franken.)

Worterklärungen.

4. Posen = Bosau bei Naumburg.
10. Niederwatt — Unterhose.
16. mutt — muss; Lü' — Leute; Böm' — Bäume.
17. spelen — spielen.
18. Var. Fi wed — wir wollen.
22. Brâtbêren — Bratbirnen; Happen — Bissen.
25. En bêten bitô — Ein bischen beizu, vorbei.
28. Bicht' — beichtet, nimmt die Beichte ab; Mergelkûl — Mergelgrube.
29. Bœn — Boden, Bühne.
30. dösten — dürsten.
33. jü — ihr.
34. Büxe — Hose.
37. Lûs's alw' — Läusesalbe.
40. sön — sein — schött — schüttet, aber auch scheisst.
41. Lât't wârden — lass es werden; Ârpel — Entrich; tratt — trat.
41. Var. Waat, — Entrich.
42. harr — hatte; Farken — Ferkel.

43. **Rötte** — Ratze; **Stêrt** — Schwanz; **hüm** — ihm, ihn, hier wohl für er.
45. **Ôrt** — Ein Viertel eines Flüssigkeitsmasses; **Kurr** — Kornbranntwein.
47. Var. **wönt** — gewohnt; **wizkd'** — wischte.
49. **Swârigheit** — Schwierigkeit, aber auch Schwere.
50. **Stûte** — Backwerk von Weizenmehl; **jo** — euch.
52. **süert** — säuert, hier wohl: was dabei herauskommt, wie das wirkt.
59. **Bôr** — Bär; **tründeln** — rollen; **lütt** — klein; **Holt** — Halt; **Bârg'** — Berg; **hêl** — hielt.
64. **Oertken** — Ostfr. Münze. Ebenso **Stüver**.
66. **Tunnerpot** — Zunderbüchse.
69. **Wid'** — Weite.
73. Var. **mei** — mehr; **hätt** — hat.
75. **Bäckere**.
76. **Rünn** — Wallach.
77. **wêken** — weichen, sc. Furz.
81. **wusken** — gewaschen.
82. **düll** — toll, böse.
83. **Karktorn** — Kirchthurm.
84. **sleit in** — schlägt ein, trifft zu.
91. **Percess** — Prozess; **Gaffel** — Gabel, hier die Schwurfinger. Wenn wir den Prozess nur erst bis zum Schwur haben, wollen wir die Erbschaft wohl erhalten, — **to Bœn stâken** — wie das Heu mit der Heugabel auf den Boden bringen.

92. Ossen — Ochsen; swiersten — schwersten.
95. Mäur — Mutter.
99. Verköft — verkauft.
101. blôt — bloss; fîner — feiner.
102. slut — schliesst.
104. Wird gesagt beim Essen der dicken Milch, wenn sie zur Neige geht. Bewerkatten — Sahne.? — Nächst dieser ersten Erklärung wird mir die andere geboten: Bewer, Bewerkatten fangen — in der Kälte erstarren. Das passt zu 486 ganz gut, hier aber schwerlich.
113. Sûpen — Saufen; œwer — über.
116. gaut — gut; feul — fühle.
117. Hörn — Horn.
120. Bûk — Bauch; Schūn — Scheune; Avsîd' — Abseite, Nebengelass.
124. Pîp — Pfeife.
125. lêch — böse, übel.
127. si-säu — sieh' so, d. i. so recht.
129. Frêd' — Frieden; Bîer — Eber; snîden — schneiden, kastriren.
131. Verlöv — Erlaubniss, Urlaub.
132. Hêbêst — eigentlich Männchen im Gegensatz zum Weibchen; hier scherzhaft für Er (will er nicht angeredet werden); Sêbêst — ebenso Weibchen, dann: Sie (wie der Edelmann angeredet sein will).
133. tô lât — zu spät.

134. föllt — fällt; weg — weg, der Ochse fällt hinten ab, das Ende gibt nicht, was der Anfang verspricht, oder auf die Schwäche eines Menschen zu beziehen?
135. lüd' — läute; störr — stiess.
140. Diäudbrauke — Nothbruch, Morast.
146. schifft — schiebt.
149. mût — muss; trokk — zog; Worm — Wurm; bunn — band; Schô — Schuh. — Var. Vurtel — Vortheil; gellen — gelten.
150. Wörmd freilich Wurm, aber doch auch Wermuth. Ich halte es für mindestens sehr fraglich, ob darin eine Abflachung oder nicht vielmehr die Erklärung dieses seltsamen Ausspruchs zu finden sein möchte, das Ursprüngliche, aus dem dann mittelst eines derben Wortspiels und weiterer Zusätze die Ungeheuerlichkeit des vorhergehenden Spruchs entstanden ist.
151. Volk — in dieser Zusammenstellung so viel wie: Gesinde. Dagegen bedeutet es 1486: Verwandtschaft. Var. sachtmôdig — sanftmüthig.
153. Wennt — gewöhnt, und auch: gewohnt.
154. Häwen — Himmel.
155. Sêg — sah.
161. Pannwiemel — Pferdekäfer.
164. afsghuaten — abgeschossen, bin ihm zuvor gekommen?
167. Lampensnüter — Lichtscheere.

170. Bôkweten — Buchweizen; säker — sicher; Pannkôken — Pfannkuchen; Ask — Asche.
172. wi'k — eigentlich will'k — will ich.
173. gau — schnell.
181. Dahem, deham — daheim.
182. Nei — neun und hinein.
188. Ext — Axt; slêt — schlägt.
189. Koerensack — Kornsack; tüsken — zwischen; Möllenstaeine — Mühlensteine; retten — gerissen.
190. Tornwachter — Thurmwächter.
192. gên — kên — kein; Bollen — ein rundes kleines Weissbrod; tein — zehn.
193. lütjet — klein.
198. Elk sîn Mœge — jeder nach seinem Geschmack, zuweilen aber doch auch: nach seinem Können, Vermögen.
204. Spennen — Spinnen; ûtrökern — ausräuchern.
207. Stêrt — Schwanz; Plôg — Pflug.
208. fêl — fiel.
209. smeit — schmiss, warf.
210. Versiupet se — ertrinken sie.
215. Frêde — hier: Freude.
216. Mâten — Massen.
217. Var: griepen — gegriffen.
218. Var.: közt — kostet; wamzt — wamst, prügelt.
222. Êgg' — Egge.

223. Bessen — Besen; hâl — hole.
225. hêt — heisst.
229. wedder — wieder.
230. Buddel — Bouteille, Flasche; Läpel — Löffel.
231. Œewergang — Uebergang.
232. Varrer — Gevatter.
234. Säker — sicher.
235. vörwôr — fürwahr; Wêg' — Wiege; Lütts — Kleines.
236. Fârken — Ferkel; dôrtô — dazu, überdies. — Var.: Brâtfârken — Bratferkel.
242. Starw' — stirb; seigen — säen.
243. Hûsfreden — Hausfrieden.
244. verstôt — versteht; sprök — sprach.
247. Kîk — guck, siehe.
248. wîst — weist, zeigt; Niers — der Hintere.
257. schöt — schoss.
261. roë — rothe: dögen — taugen.
262. 'lîk (glîk) — gleich.
263. Achter œwer — hinten über.
266. Sünig — sparsam.
275. Wat dôr wesen möt — was da sein muss; bârv't — barfuss.
290. ümmer — immer.
292. stött — stösst; Hawerkist — Haferkiste.
293. hölt — hält; süll — sollte.
294. krâpen — gekrochen.

298. Bütt — Zuber.
298. Var. herun — hinunter.
300. dôn — thun: lâten — lassen; Flêsch — Fleisch.
304. Var. Râ — rathe.
307. wît — weit; hûlte — heulte.
309. Berr — Bette.
310. Knutten — Knoten; slâ — schlage.
320. Var. snûw' — schnaube; nîd für snîd — schneide.
325. Tûschen — tauschen — ?
329. Ôrenklatsch — Erntefest. Eigentlich Aehrenkollation; nôg — genug.
330. Börgerboë — Bürgerbote.
338. Rôr — schreie, heule; verkôft — verkauft.
344. löpt — läuft.
350. Dassagâl — zusammengezogen aus: dat is egâl — das ist gleich, eins, einerlei.
351. Swäleke — Schwalbe; Gôs — Gans; bastet — berstet.
352. mor'ns — morgens.
365. läer — legte.
366. spit — verdriesst.
373. Gœte — Gosse; Appels — Aepfel.
375. krûsköppke — krausköpfige.
376. läd', läer — legte.
378. Ârftenschlag — Erbsenschlag.
381. Swêt — Schweiss; twê — zwei.
382. Holten — hölzernen.

384. slenkert sick 'ran — sammelt sich nach und nach bis zu (einem Thaler.)
385. Ritt s' entwei — Reisst sie entzwei.
387. Bîwaken — Beiwachen.
389. Flass — Flachs; Schäw' — der Abfall des Flachses beim Brechen.
392. Gat — Loch; Têmse — Sieb; dat sall mi nê dôn — das soll mich wundern.
401. relk — reinlich; strêk — strich; Rômpott — Rahmtopf. — Var.: stripede — streifte; Kearne, Ostfr. Karn — Butterfass?
404. Wäken — Wochen.
405. verwasst — verwäscht.
406. Quâd — schlecht, schlimm; Büdel — Beutel.
407. Üder — Euter; Titt — Zitze.
409. wussen — gewaschen.
410. In de Möt — entgegen; wast — wächst.
414. bêten — bischen; — beden — bieten.
418. Drythoaipe — Kothhaufen; Micken — Semmeln.
426. Weader — Wetter, seggede — säete; Êke — Eiche; Gearste — Gerste.
432. Reäp — Kiepe.
435. smêt — schmiss, warf.
441. Mi grûet — Mir grauet.
442. röget — rührt; hucke — hüpfte.
443. dûrt — dauert, währt.
444. Eetik — Essig.

447. Stennen — stöhnen.
449. êt — esse.
452. Avwesselung — Abwechslung.
457. 'lîk stîf — gleich steif, stark.
458. mennig — mancher, hier: so viele.
461. Gœte — Gosse, Rinne.
462. kinnert — kindert, gibt Kinder; frîgt — geheirathet.
468. Fewerwari — Februar.
469. Fêling — Westfälischer Strumpfwaarenhändler.
471. Bêr — Bier.
473. Plumen — Pflaumen.
477. Vrack — Frack; verkiert — verkehrt.
478. Fei — Fiek, Sophie; dreet — kackte; Blaffer, Blaffert — eine westfälische Münze.
479. Pier — Wurm; Hoos — Strumpf.
480. œwer ês — übereins; kâkt — kocht.
481. gäl Wörtel — gelbe Wurzel, Mohrrübe; rêd' — ritt.
485. Häkt — Hecht.
486. rörst — rührst.
491. hêl — heil, in dieser Verbindung mit gên (kên) — gar.
495. ansetten — dran setzen, wenden.
503. Tacke — rühre.
505. Spörkel — gebratene Speckstücken; schäpp — schöpfe, sc. mit dem Löffel.

507. tôsamen — zusammen.
508. 'rûtslân — herausgeschlagen.
509. slä s — schlägst; — sloed — schlug — ? —
517. Düer — theuer; brött — brät; Marricken — Regenwürmer.
524. Struhzalme — Strohhalm.
525. Sæg — Sau; Rômläpel — Rahmlöffel.
526. Schinner — Schinder.
528. 't Dick hölt noch hinner — das Dicke (sc. Ende) hält noch an irgend einem Hinderniss, kann noch nicht heraus, — oder auch: kommt noch nach; Worpschüffel — Wurfschaufel zum Reinigen des Getreides.
530. flessen — von Flachs, im Gegensatz zu den gewöhnlichen von Werg; Pisseldök', Tücher, den kleinen Kindern der Reinlichkeit wegen untergelegt; Sœn — Sohn.
539. risselt — rieselt (?), hier: es fällt was ab, geht was verloren.
541. kîert — gekehrt, der ersten Noth muss abgeholfen werden; Süerwater — Wasser zum Ansäuern des Brodteiges.
542. zoppt — zieht, mit dem Nebenbegriff des Langsamen und Allmäligen, ruckweise.
549. ümslêt — umschlägt, umgeht; Wed' — Weide, Weidenzweig.
553. Klüt — Klösse; jichtens — irgend.

555. Rönnstên — Rinnstein, Gosse.
556. Brüden — narren, zum Besten haben. — Var.: œwerês — übereins, gleich, dasselbe.
557. Dat hew'k up'n Gräp — das habe ich auf den ersten Griff, das finde ich so leicht, wie der Pracher an sich eine Laus findet.
560. Kammrad — Kammrad in der Mühle, hier spasshaft übertragen von den Zähnen gebraucht.
565. Dûm — Daumen.
566. Wesselbalg — Wechselbalg; sûer — sauer, schwer.
567. Dân Ding'n is gôd Raug'n — nach geschehenen Dingen (Arbeit) ist gut ruhen.
569. Krei — Krähe, die man oft auf den Zaunpfählen sitzen sieht. — Var.: Tilg' — Zweig; Heister — Häher.
570. Kinner- un Kalwermât — Kinder- und Kälbermass, was oder wie viel sich für Kinder und Kälber eignet.
576. söss — sechs.
579. Der Spruch wird von Schwangern gesagt.
587. Bêr — Birne; Bêrblatt — Birnbaumblatt.
591. Verfier di nich — erschrick nicht.
593. Rôk — Rauch; Îs — Eis.
595. Frugen — Frauen; Kêtel — Kessel; mêgen — sein Wasser gelassen.
597. œwel — übel.

598. Gâs — Gans; beit — biss.
600. bêden — bieten; bütt — bietet.
603. Ruckt — riecht; 'raën — gerathen.
604. Spêrs — Sparren.
605. lêpen — liefen; Werrbân — Wettbahn, d. h. in die Wette.
606. knêp ût — kniff aus, entfloh.
607. Marlhalm — langer Gras — Binsenhalm.
609. bûten — draussen; Weder — Wetter.
610. Beenthalm — etwa dasselbe wie 480. Schûlen — schielen, spähen. Schûlung aber ist ein Platz, wo man Schutz vor dem Wetter findet, oder auch dieser Wetterschutz selbst. Etwa wie Ueberwind.
611. Die Stunde vor dem Sonnenaufgang zieht durch die Kleider — ist die kälteste.
614. kâle — kalte.
615. drüggt — trügt, betrügt.
616. Ro — herab, her.
617. Gôskâbn — Gänsekoben.
620. Wîm — Hühnerstange.
621. treckten — zogen.
623. Sôd'schwang, Schwangrode — Schwungruthe am Ziehbrunnen.
624. Rullfoorstêrt — Ende eines Rollbaums.
628. sweit't — schwitzt.
629. Histahottanaraweg — hist und hott und de ordinäre Weg, also: rechts, links und gradaus.

631. Spôr — Spur.
632. jedwêd' — jedereiner.
637. Klink — der Griff am Thürschloss.
640. Messhof — Dunghof.
641. böten — anzünden; dêr — that, in dieser Verbindung mit wat — kacken.
642. lang tô Lâw' — weit bis zur Labung.
643. Garnat — Garnele.
644. Höltchen — Holzapfel.
645. Möer — mürbe.
653. böert' — hob.
655. Spillt — spillen, in de Spill gân — verloren gehen.
660. Rûten — Rauten, Fensterscheiben.
661. Verring — Vetterchen.
664. Nebbig — Verstümmelung von: nie bei euch.
669. Tôm — Zaum.
670. Höcht — Höhe, — man kommt doch in die Höhe. — Gringel — Gründling.
681. krassen — kratzen, hier: eggen?
694. Aas — das Wort ist hier durchaus nicht als Schimpfwort oder verächtlich zu nehmen.
699. Bôkwêtengrütt — Buchweizengrütze; bleuen — blühen.
706. uppergân — aufgehn.
707. rük' — rieche.
708. tâg — zähe; tachentig — achtzig.

717. Täk — Holzbock.
726. Nœtbusch — Nussbusch.
728. herunkðert — hinabkarrt, der Teufel schiebt die Sonne auf einer Karre hinab und zugleich ebenso den Mond herauf.
730. Moi — anmuthig, jung, hübsch.
734. Knäp — Einfälle, Grillen, Launen.
749. graben — begraben.
760. Var.: Holtricht — Holzstoss, Scheiterhaufen.
765. wiss — fest.
770. Törfsôd' — Torfstück.
785. dôw — taub.
787. Grîsen — greisen, grauen; in der niederdeutschen Jägersprache heisst de Grîs' — der Hase.
789. Bulten — Haufen; Flägels — Kehricht.
790. bäten — gebissen.
791. miss — übel, fehl; 't is nich ganz miss — 's ist noch kein Unglück, oder: ist nicht ganz gefehlt; Moor — Mutter.
792. Tangn — Zange; bröd' — briet.
794. Fott — d. Hintere.
796. sülwern — silbern.
802. sitt — sieht.
825. Dôr bün ik üm — da bin ich um, das habe ich verloren.
828. Grossvögel — Drosseln.
830. lågen — gelogen.

831. uphollen — aufhalten.
832. uetbackt — ausgebacken, da hab' ich's verdorben, da bin ich fertig.
838. Pös' — Hose.
840. Krôs — Krug.
853. düllsten — stärksten.
860. Jerst — zuerst.
863. Bigg — Ferkel: sleit — schlägt.
866. Kohltûn — Kohlgarten.
871. Schöttel — Schüssel. — Var.: Schwulk — Schwalbe.
874. Plât — Herdplatte.
875. nîtel — stössig, auch geil.
877. dartein — dreizehn.
880. wânt — gewohnt.
883. Grôp — Jauchrinne.
885. êt — iss.
888. trûgen — trauen.
891. Brügg — Roggenbutterbrod.
893. dreit — dreht; Bolt — Bolzen, grosser Nagel.
897. Fûke — Fischreuse.
899. nargens — nirgends; maller — thörichter, dummer.
901. bröcht — gebracht.
904. Sægenstütz — Sauensteiss.
905. bâwen — oben.
908. swemmen — schwimmen; versâpen — ertrunken.

910. Brannsel — das am Boden und an den Seiten des Topfes angebrannte.
914. Jiergrüpp — Jauchrinne.
922. was — war; wôr — wurde.
930. Düwensguate — Taubenschlag.
937. frît — macht frei.
938. Säw — Sieb.
940. lickt dat Letzt' — leckt den letzten Rest; söt — süss.
944. wûr — wo, irgendwo.
946. stöl — stahl.
947. drâpen — getroffen.
948. Gant' — Gänserich.
951. Däl — Diele, Flur; Döer — Thüre. Var.: Kœk — Küche.
958. Pier — Pferde; haugt — hau't, schlägt; stôw — stob.
959. Fluchten — Fliegen; Swäp' — Peitschenschnur.
962. bäden gân — beten gehn, zum Prediger, als Confirmande.
963. Râpt — streift.
969. Fôdert — füttert.
970. Lôpen — Laufen; Klâp — Klapper, Glocke.
973. Snodder — was man ausschnaubt; Mau — Hemdärmel.
982. Allbot, allbâte — jeder Vortheil, Gewinn, jede Kleinigkeit, jedesmal.

990. ôle — alte.
991. süpt — säuft; süst — sonst.
995. Gasten — Gerste.
996. Törfsôd — Torfstück.
1000. Ûle — Eule; gêren — gern: getten — gegessen.
1006. Als Spott über den, der beim Kegeln 2 wirft.
1007. Spott über den Pudelwurf.
1013. Schapp — Schrank.
1014. Sanft — Sammet; Huasen — Strümpfe; Winkel — Kaufladen.
1017. wên zusammengezogen aus wêsen — sein.
1020. batt — hilft.
1024. darten — üppig, muthwillig, nach Stürenburg.
1031. Malligheit — Spass, Dummheit.
1032. Pattstock — Springstock.
1034. Mutte — Schwein; tô min — zu wenig.
1035. Swarte — Schwarze; Grâpen — ein metallenes Gefäss zum Kochen.
1036. Kîwît — Kibitz.
1039. tömt — zäumt.
1041. hôert — haart; ân' — ohne.
1045. Wisser — gewisser, sicherer, fester; uet — es.
1048. Fuorwenn — Furchenwende.
1049. Föör — Fuder; Kumstköppe — Kabusköpfe.
1057. rêt — riss.
1068. Hawek — Habicht.

1083. Fûst — Faust; op't — auf's.
1085. Dîk — Teich; wîern'n — wären.
1086. Lier — Violine? — Sonst Leierkasten, Drehorgel.
1092. töwen — warten.
1101. Kuhnhahn — Truthahn; Daumarrik — Regenwurm; spaddelt — zappelt, sich windet und bewegt.
1110. tröck — zog.
1113. Hopp — Hopfen. Der Hopfen wurde vordem mit einem Scheffel gemessen, selbstverständlich aber nicht gestrichen, sondern gehäufelt.
1115. Dôde — der Todte, beim Begräbniss.
1118. Ôrt — Art; îerst — zuerst.
1120. Schêw' — schiefe; dôrnâ — darnach.
1121. Döpschilling — Taufschilling.
1122. Dat sall em ôk noch nich slimm sin — das soll ihm auch noch nicht schlecht bekommen, etwas zu leide thun.
1123. Var.: blâgen — blauen.
1132. Ball — bald; follen — gefallen; lêg — lag; all — schon.
1133. Mând — Mond.
1144. Flêge — Flöhe.
1147. Tûm — Zaum.
1151. Kobbel — Stute.
1159. Lünk — Sperling; Gôs'ei — Gänseei.
1208. drêwen — getrieben.
1212. Twêrensfaam — Zwirnsfaden.

1236. Jüffers — Jungfern.
1239. trauen — heirathen.
1245. kleiet — gekratzt; schrêben — geschrieben.
1248. Krabben — Krähen.
1256. Zü — siehe; îlig — eilig.
1259. wisse — gewisser.
1263. kîken — gucken.
1266. leat — lernt.
1269. kettlich — kitzelig.
1270. Rinner — herein, hinein.
1277. Torfkûl — Torfgrube.
1287. Töt — Stute.
1289. Dübbeltje — Zwei-Stüber-Stück.
1290. hollen — halten; full — fiel.
1292. bît — beisse.
1294. Specksiën — Speckseite.
1298. haugt anners üm — das schlägt auf andere Weise aus, ist auf andere Weise zu verstehen.
1300. Zu einem Hunde gesagt, der getreten, heult.
1303. Mêsk — Meise. — Var.: Mîgêmken — Ameise.
1304. Hunnenstall — Hundestall.
1320. Bocket — Buchweizen.
1333. Ên Drupp helpt den annern up — ein Tropfen hilft dem andern auf, wie: viele Tropfen höhlen den Stein.
1336. Mûskœtel — Mäusedreck.
1348. Lîn' — Leine, Seil.

1354. Âben — Ofen.
1355. fopt — Fope eine Art Schalmei, in der Gegend von Mieste, Dorf bei Gardelegen; daher hier fopen, die Schalmei blasen.
1365. klôk — klug.
1368. Waesch — Tante.
1374. Köz — in der Kölner Gegend eine Kiepe, Tragekorb.
1377. Nâsten — nachher, später.
1384. Snûte — Schnauze, Nase, dann aber auch wie hier für Maul; netso gôd — grade so gut; drög — trocken.
1390. End' — eigentlich: Ende, Stück, hier etwa: Bursche; Obä — Storch.
1392. vêr — vier.
1394. Pagelûn — Pfau.
1397. Rühmde — Raum; sæwen — sieben.
1398. Var.: nâre — böse, traurige, schlechte.
1399. Kâr — Karre.
1407. Bôrs — Barsch, ein Fisch.
1411. Mirr — Mitte.
1413. söp — soff, trank.
1414. beschîtet seck — hier, wie auch in Süddeutschland häufig, übertragen statt: sich irren, täuschen.
1416. wôer — wahr.
1442. Gröt — Grösse.
1453. stâlen — gestohlen.
1454. Weitklie — Weizenkleie.

1456. œwerdrêwen — übertrieben.
1458. sünner — sonder, ohne; slåken — geschluckt.
1459. Glitscht — gleitet; Adder — Otter, Schlange.
1463. Gässel — junge Gans.
1466. terräten — zerrissen.
1470. dregt — trügt, aber auch trägt.
1481. mîer — mehr.
1485. rûken — riechen.
1492. Rîsebrê — Reisbrei.
1493. All's 'lîk lêw — alles gleich lieb: Rêper — Reifer, Seiler.
1499. Baemutter — Hebamme.
1502. Var.: Bäk — Bach.
1507. Hewwe — haben.
1513. Dâten — Thaten.
1514. Nieglichkeit — Neugierde, und zwar: unberufene.
1519. fârig — fertig, zu Ende sein.
1529. Knüttelsticken — Stricknadeln. Die Schäfer aber stricken — ‚strichen‘ ihre Strümpfe nicht, sondern ‚knütten‘ sie, was eine andere, einfachere oder gröbere Art dieser Kunst ist; halv — halb.
1532. schûgt — scheuet, macht scheu, nämlich den Wolf.
1549. Dör — durch.
1551. fiev — fünf; wull — wollte.
1557. Ohsser — Jüdisch-Deutsch — bei Leibe nicht.
1563. Duimlink — Däumling.
1573. reis — einmal, vor Zeiten; nüms — niemand.

1577. **Pogg** — Kröte, Frosch.
1578. **Dopp** — Eierschale.
1582. **Râw'** — Rabe.
1590. **treck** — ziehe.
1600. **Ennelng** — endlings, senkrecht aufgestellt; **stœnde** — stützte.
1607. Var.: **Lîw'** — Leibe.
1608. **Putzig** — seltsam, aber auch wohl so viel wie: das ist zum „putzen" d. i. abwischen.
1615. **langst** — entlang; **brûkst** — brauchst.
1616. **æwers** — aber.
1625. **Wûrt** — Wort.
1645. **Twê** — zwei.
1654. **Verlêwt** — verliebt.
1657. **Wuttu** — willst du.
1658. **Teif** — warte.
1661. **luë** — laut.
1672. Var.: **Jeu** — ja.
1673. **Eiste** — erste.
1675. **Himme** — Hemde.
1685. **'winn** — gewinne, behalte die Oberhand.
1689. **Knäkerbên** — Bezeichnung eines schwachen, knochigen, mageren, dürrbeinigen Menschen, wie hier scherzhaft der Storch so genannt wird. Auch zur Bezeichnung des Todes — des Gerippes — hab' ich das Wort nicht selten gehört. Auch allitterirend Knækerbên und Knickerbên.

1692. Dûking — Diminutiv von du, etwa: duchen; satten — satt machen.
1699. Rök' — Pflege.
1701. Stef heilig — heiliger Stephan? —
1709. weer — wieder.
1710. Gardner — Gärtner.
1711. ha'i't — habt ihr es.
1713. jûch' — euer; Slœks — ein gross aufgeschossener Junge, eigentlich ein hungriger Schlucker, sagt Stürenburg. Die beste Uebersetzung dürfte Schlingel sein, welches man ja auch zuweilen nicht scheltend meint.
1715. Sträk — Ordnung, Strich.
1716. Schündack — Scheunendach.
1720. Sau wecke — so welche, solche.
1724. Addelpôl — Dunggrube.
1726. basch — barsch, harsch, stark.
1727. rangd' — etwa: gerungen. Im plattdeutschen sick rangen liegt mehr als im hochdeutschen: mit jemand ringen, etwas Unruhigeres, Lebhafteres und vor allem etwas, das gar kein Ende nimmt.
1729. Kohlegits — Kohlenbrenner.
1733. hürt — gehört; tôhôp — zusammen.
1736. binäin — bei einander.
1740. Tüg — Zeug.
1751. Tûn — Zaun.
1772. Var.: wrêdeste — stärkste.

1775. **Schûvkôer** — Schiebkarre; **Spill** — Spiel.
1778. **Gräpe** — Gabel, Mistgabel.
1781. **Krêvt** — Krebs: **Rüs'** — Reuse.
1783. **Thêrtunn** — Theertonne.
1784. **Schostên** — Schornstein.
1786. **Hârt** — Herz.
1788. **mang** — zwischen.
1790 **Malle Planten** — närrische dumme Pflanzen.
1799. **Sêp** — Seife.
1810. **Holl** — s. v. w. hohl, Höhlung, hier daher Loch; **hudete** — hütete.
1817. **smêren** — schmieren, hier absichtliche Verdrehung, statt swêren, schwören.
1819. **drütteign** — dreizehn; **twölf** — zwölf; **Pötter** — Töpfer, Hafner.
1822. **moitet seck** — ist das das plattdeutsche möten, sick möten — sich Begegnen, zuweilen mit dem Begriff des Aufhaltens?
1824. **slêp** — schlief.
1828. **Klunker** — der letzte Rückstand des Flachses nach seiner Reinigung.
1837. **Wicht** — im Ostfries.: das Mädchen; **trauden, trauen** — heirathen; **Strunt** — Koth, Schund; **Vaar** — Vater.
1840. **vakiat** — verkehrt.
1841. **slubbert** — schlürft.
1842. **Sül** — Schwelle; **sliped** — geschleift.

1846. Sliet — verschleisse, nütze ab, benütze.
1847. Sparnberg — Gefängniss auf dem Berge bei Bielefeld.
1857. Wâse — Base.
1858. Tau — Weberstuhl.
1863. mîn Volk — meine Verwandtschaft.
1868. Düppenkrämer — der mit irdenem Geschirr handelt.
1869. kört smêten — kurz geschmissen, zerworfen.
1873. Kîp — sowohl ein aus Holzschienen geflochtener Kober als auch ein grösseres Gefäss an Trageriemen auf dem Rücken zu tragen.
1886. wêer — wieder.
1891. glöw't — glaub's.
1908. draug — trug.
1911. Lât — spät.
1913. Düerkop-Brand — ein theurer Brand.
1920. 'ranner — heran.